LA FEMME DU BANQUIER

Histoire Contemporaine,

PAR

LA COMTESSE O*** DU ***,

Auteur des Mémoires et Révélations d'une femme de qualité sur Napoléon, Louis XVIII, Charles X et la cour de Louis-Philippe.

Tome Premier.

PARIS.
LACHAPELLE, ÉDITEUR,
RUE SAINT-JACQUES, N. 75.

—

M D CCC XXXII.

LA
FEMME DU BANQUIER.

IMPRIMERIE DE A. BARBIER,
RUE DES MARAIS S.-G., N. 17.

LA FEMME
Du Banquier

HISTOIRE CONTEMPORAINE.

PAR

La Comtesse O*** du ***,

Auteur des Mémoires et Révélations d'une femme de qualité sur Napoléon, Louis XVIII, Charles X et la cour de Louis-Philippe.

✻

Où est l'égalité ?
dans les productions de la nature.
— Non. — Chez les hommes ? Moins encore.
— Tous la veulent pourtant ? Oui, ascendante toujours ; descendante jamais. On souhaite d'abaisser les grands jusques à soi ; mais soi, se rapetisser au niveau de nos inférieurs ? point.
L. L. L.

✻

Tome Premier.

PARIS.
LACHAPELLE, ÉDITEUR,
RUE SAINT-JACQUES, N. 75.

M D CCC XXXII.

LA FEMME DU BANQUIER.

I.

L'HUMILITÉ LIBÉRALE DU JOUR.

> Que la noblesse soit abolie, chacun s'en formera une à sa guise de rang ou de profession. Les Montmorenci de boutique ne seront ni les moins fiers, ni les moins rogues : c'est un hochet dont on ne peut se passer.
>
> ANONYME.

C'était dans l'un des plus superbes hôtels de la Chaussée-d'Antin et dans un appartement où brillaient le luxe et le mauvais goût moderne, que quatre personnes réunies, autour d'une table à thé, ornée d'une mosaïque en pierres dures de Florence, causaient depuis quelque temps avec toutes les apparences de l'intimité. Un sot aurait vu là une amitié respectable; il se serait laissé prendre à l'inflexion de la voix, à la vivacité des gestes, à la chaleur des propos; un homme d'esprit, ou plutôt un observateur, aurait reconnu dans l'extérieur de ce groupe l'habitude de se voir tous les jours, l'abandon de la familiarité, que dans le monde on décore du nom le plus sacré, et auquel les dupes se trompent: celui-là aurait eu raison. Où existe aujourd'hui un attachement véritable, dégagé de tout intérêt du moment, de tout calcul personnel, de toutes espérances d'avenir? il n'y a plus que du positif à Paris; chacun sait, à un centime près, ce que doivent rapporter l'amour et l'amitié, la considération, et même l'estime; on fait trafic et marchandises des plus doux sentimens de l'âme: c'est une belle chose que la civilisation poussée à son plus haut degré.

La maîtresse de la maison, qui souriait toujours lorsqu'on la nommait, la dame du lieu parvenait à cet âge funeste, où nous ne comptons plus, bien qu'il nous soit affreux de n'être plus en première ligne; où nos prétentions, pour ne point se montrer ridicules, ont grand besoin d'être déguisées; où notre beauté éteinte ne présente plus que des restes dont on cherche à maintenir la durée, en les étayant des soins d'une parure scrupuleuse, et qui ne réussit pas toujours. C'est dans la vie une vilaine époque; elle nous place dans une position fausse, entre la raison qui nous réclame et la coquetterie qu'on a de la peine à quitter, entre la nécessité de s'établir vieille et le désir déchirant de se prolonger dans une jeunesse disparue. Hélas! je sais trop ce qui en est, et celles qui touchent à leur quarante-cinquième année, en gardant les prétentions de leur vingt-cinquième, le savent aussi bien que moi.

Cette femme n'avait jamais été jolie, aussi

avait-elle constamment prétendu à la beauté. La majesté, en nous, est le dédommagement de l'absence des grâces; on se figure être imposante, lorsque le miroir dit que l'on manque de vivacité et de fraîcheur. Elle avait encore une figure longue et maigre, de grands yeux bleus, sans expression, quelques dents de fond soutenues par d'autres qui prouvaient victorieusement le talent du sieur Désirabode; un peu de blancheur dont on tirait grande vanité, une taille à l'avenant de la figure, et peu chargée d'embonpoint; des mains épaisses; les pieds passables; en un mot, rien à l'époque présente ne constatait la beauté merveilleuse, dont elle avait joui dans sa jeunesse, si brillante, disait-elle à tout venant. Elle aurait pu la rappeler sans doute par une tournure élégante et noble tout à la fois; mais en historienne véridique, je suis forcée de convenir que madame Saint-Olben, bien qu'elle mît beaucoup de solennité dans ses mouvemens, dans le son de sa voix, dans la fixité de son regard, ne parvenait pas, de ce côté, à faire non plus la moindre illusion.

Nulle autre femme de Paris ne possédait une demeure plus somptueuse, un domestique plus nombreux et mieux vêtu, des attelages plus superbes; on citait l'éclat de ses fêtes, la richesse de *ses toilettes*, pour parler la langue du jour; ses amies intimes se perdaient en soupirant dans le compte de ses cachemires; elle pouvait changer de parure complète chaque semaine, à tel point les bijoux de son écrin étaient multipliés. Eh bien! tant de magnificence extérieure unie au désir le plus vif d'en imposer aux vulgaires humains, une attention perpétuelle à compasser tous les gestes de sa personne, n'avaient pu lui procurer cette supériorité de formes, cette aisance hautaine, ce laisser-aller d'une femme de qualité. Il perçait toujours au milieu des rayons d'emprunt que lançait madame Saint-Olben, quelque chose de commun, de raide et de mauvais ton, dont s'apercevait la bonne compagnie, et qu'elle décelait par ces mouvemens de lèvres fins et malicieux qui sont une épigramme d'autant plus sanglante, qu'il n'est pas permis de s'en fâcher.

Mais qui était cette dame, me demandera-t-on ? La grondeuse *épouse* d'un banquier richissime, d'un des matadors de la France nouvelle, d'un de ces grands du jour qui, grâce à l'ampleur de leur caisse, ont hérité de l'ancienne noblesse, du droit de tout savoir sans avoir rien appris. M. Nicolas-Mathieu, dit Saint-Olben, avait si bien manœuvré, qu'en récompense de sa fortune énorme le gouvernement l'avait accueilli, ainsi qu'ailleurs on appelle les talens. Il comptait attendu la respectable ampleur de son bordereau, et il parlait de patriotisme aussi bien qu'un autre, en attendant qu'il se lançât dans les profondeurs de la féodalité. Il manquait de vrai mérite et non pas de flatteurs. Il était entré aux Tuileries en passant par la Bourse, lui comme tant d'autres, car il est à remarquer combien l'argent a du crédit dans la monarchie citoyenne, et auprès d'un roi qui le dédaigne tant.

Sa femme, fière de sa position actuelle, et déjà désignée aux honneurs de la pairie viagère, aurait dû être heureuse, elle ne l'était pas néanmoins : deux choses lui manquaient, la jeunesse qu'on ne reconquiert pas, et la supériorité que donne l'antiquité de la race; elle n'était *pas née*, et ce ver rongeur la dévorait secrètement. Sa vie, pendant les seize années du règne de la branche aînée, s'écoula dans une envie perpétuelle des honneurs de la cour, dans un désespoir amer de n'y pouvoir prétendre, et dans une série de complots malicieux contre tous ceux invités au château. Mon Dieu qu'alors elle était prôneuse de la sainte égalité, quelle haine véhémente elle portait à la différence des rangs; elle professait la démagogie dans son salon, c'était à mourir de rire, attendu qu'il n'y avait en France sa pareille en morgue, en hauteur, en vanité.

Un nom illustre la poursuivait comme un

cauchemar romantique; elle sortait d'une maison où entrait une duchesse ; et quand renfermée dans son boudoir splendide, elle songeait à sa sœur défunte ; oh! alors son cœur se dilatait avec violence, et au milieu de sa richesse elle se plaignait de l'injustice du destin qui avait fait de sa sœur une Courtenai par alliance; oui, une Courtenai, c'est-à-dire la femme légitime du dernier descendant de ce rameau malheureux de la maison royale de France. Elle ne voyait pas que cette famille, tombée dans les malheurs, végétait à l'écart dans un manoir obscur, au fond de la Bourgogne, et qu'elle, au contraire, habitait Paris, environnée de toute la pompe qui éblouit les hommes. Un seul trait la frappait: en lui annonçant la mort de sa belle-fille, la vieille dame de Courtenai l'avait titrée de princesse... Une sœur mourir princesse, et soi être condamnée à vivre femme d'un banquier de la Chaussée-d'Antin... à s'entendre qualifier de *banquière* par ces gens qui outragent à la fois la langue et les prétentions d'une suzeraine de quelques millions, cela pouvait-il être supporté? Non certainement: aussi il y avait des instans où madame Saint-Olben aurait troqué sa fortune immense, contre le seul nom porté par sa défunte sœur.

En vain cherchait-elle à cacher, dans les replis les plus profonds de son âme, cette angoisse permanente, une forte partie en éclatait malgré ses efforts; on pouvait encore deviner ses pensées pénibles, au soin qu'elle mettait à écarter de son intimité les femmes de la haute noblesse, et au manège qu'elle employait pour attirer à elle les hommes porteurs d'un beau nom. Il y en avait en ce moment un assis auprès d'elle, et qui paraissait vrai commensal de la maison. Celui-là se nommait le vicomte d'Urbal : c'était un malin seigneur, de taille médiocre et de causticité bien grande, vif, spirituel, persifleur, très-gentilhomme, fort convaincu de la supériorité de sa caste, sans pour cela manquer de sens commun et de raisonnement. Il cachait du mieux possible son profond mépris pour quiconque n'était pas monté dans les carosses du roi; car il ne reconnaissait aucune noblesse d'origine signalée; il ne voulait admettre que celle dont l'antiquité se perdait dans la nuit des temps. Un capitaliste ou un chétif ouvrier, étaient à ses yeux d'une égale importance, sauf qu'il respectait le travail du dernier, en se méfiant un peu de la probité de l'autre. Au reste, poli, galant, aimable, propre à distinguer le mérite, à le vénérer même, en quelque lieu où il le trouvât; amateur des beaux-arts, connaisseur, en plus, ce qui est rare; ancien pilier de la vieille cour, qu'il fronda tant qu'elle fut sur pied, et qu'il plaignait depuis sa chute. Il possédait depuis long-temps la confiance de la femme du banquier, qui, ayant débuté par l'aimer, avait fini par le craindre; cours naturel de ces sortes de liaisons.

Il avoisinait en ce moment un littérateur prétendu, personnage équivoque, dont la plume vénale, la langue et les oreilles, sont vendues à tous les gouvernemens, passés, présens et futurs, qui spéculent sur l'opinion publique, soit en s'en approchant, soit en la défiant, selon que le gain est plus ou moins bon, hommes qui ont toujours des phrases sonores pour excuser les actes arbitraires, les dilapidations, les injustices, et qui n'ont jamais connu leur honneur que par le prix avantageux auquel ils l'ont cédé. M. Sorlerin revoyait les discours du banquier, et donnait incognito des leçons d'orthographe à la *dame du lieu :* il logeait, mangeait dans la maison, et se mêlait de tant de métiers, qu'on ne pouvait au fond décider quel était son véritable.

Enfin le quatrième élu, ou plutôt l'élue, s'appelait madame Rinard, créature assez jolie pour faire parler d'elle, assez prudente pour savoir jouer serré au grand jeu de la vie, presque habile en intrigue, moqueuse au suprême degré, un peu parente des Mathieu Saint-Olben, sans que cela pût suffire à la chronique scandaleuse, pour établir la juste cause de son intimité en cet endroit. Elle savait jusqu'où s'étendaient les insinuations de la malignité, et tâchait, par une conduite adroite, de la mettre en défaut au moins sur la forme, si le fond, après tout, ne pouvait être défendu avec le même succès.

Ces quatre personnes formaient une sorte de conseil où l'on agitait de hautes questions de politique et de finances. Il s'agissait d'un bal à donner, des invitations à faire, et là, comme au ministère de l'intérieur, le cas demeurait à traiter avec toutes les subtilités de la diplomatie. Ce bal devait être étourdissant de luxe, de splendeur et de goût; il fallait que les élus avouassent que dans aucune autre maison on n'avait fait les choses avec autant de grandeur et d'élégance. Il convenait d'écraser, et le reste de la Chaussée-d'Antin, et ce qu'on appelait les débris du faubourg héraldique; en un mot, s'élever dans l'opinion de certaines gens, et donner un coup de collier en faveur de la cour naissante. Comment y parvenir; comment résoudre ce problème difficile, car il fallait que les vaincus accédassent à venir se mêler aux vainqueurs; et les vaincus dans leur défaite, conservant l'orgueil du triomphe, ne consentaient point à descendre à leur niveau actuel. Ils ne voulaient pas se faire aux circonstances, ces Gaulois de la haute noblesse ne connaissaient pas un droit d'invasion des Francs nouveaux du commerce et de la basse robe; c'était assurément ne pas savoir se mettre à leur place, et cette résistance tourmente plus qu'on ne croit les heureux du jour, les joueurs de comédie depuis quinze ou seize années.

Une foule de noms avaient été tour à tour pris, laissés, repris. Le vicomte d'Urbal, à chacun prononcé, disait : *On ne viendra pas.*

— Mais pourquoi?

— On ne viendra pas.

— Quelle raison ?

— Leur fantaisie.

— Leur vanité insupportable...

— Soit.

— Leur mauvaise humeur...

— Chacun a la sienne.

— Qu'ils la manifestent par des actes majeurs, s'écria madame Saint-Olben.

— Ah! répondit le vicomte en ricanant, votre bal sera donc la déclaration de guerre?

—Mais, avant juillet, on allait bien à leurs soirées.

— Oui, mais eux vont peu à celles des autres.

— Parce qu'ils ne seront jamais de bons citoyens, dit l'homme de lettres Sorlerin, parce qu'ils ne se dépouilleront pas de leurs préjugés.

—Ils y tiennent, c'est le plus clair de leur avantage.

— Ils conspirent, reprit le même interlocuteur, contre un roi populaire.

— Comme il y a quatre ans, monsieur, que vous me faisiez observer que les avocats conspiraient contre le roi chevalier.

Sorlerin n'entendit pas : c'était sa réponse d'usage. Madame Saint-Olben s'adressant au vicomte :

— Les gens de votre bord ne devraient se plaindre que de leur opiniâtreté, si on prend contre eux des mesures que leur attitude provoque.

M. d'Urbal se mit à sourire. Il reprit la liste, et avec le doigt indicateur il désigna quelques noms; puis il dit :

— Ceux-là viendront.

— Des gens sans considération parmi ceux de leur caste, répliqua la financière en augmentant de mauvaise humeur, des femmes qui n'allaient pas à la cour... au château, veux-je dire.

— *Elles*, et *ils* ont pourtant un nom.

— Qu'ils traînent...

— Pourquoi y a-t-il des gens qui les ramassent?

— Vous prétendez qu'ils viendront, poursuivit la dame : j'en doute; tout le faubourg

Saint-Germain manquait avant-hier chez madame Gromelier.

— Mais, pourquoi ne s'en passerait-on pas, hasarda de dire alors la jolie dame Rinard?

— Pourquoi, ma chère amie, riposta avec une vraie aigreur madame Saint-Olben; parce que mon mari, dans sa position, doit essayer de rallier au gouvernement ceux qui s'en tiennent à l'écart; la fusion doit avoir lieu : il la faut complète. La cour est élargie dans son enceinte; et nous, qui à juste titre y occupons les premières places, devons avoir la magnanimité d'y rappeler les grondeurs et les boudeuses. Mon Dieu! la France serait si heureuse si nous ne formions tous qu'un seul faisceau; mon opinion est bonne: j'adore l'égalité; les distinctions me sont odieuses, et outre l'inconvenance, il est désobligeant qu'on en établisse à notre égard. Le commerce, l'industrie, la banque, sont respectables dans toutes les branches : le moment est venu de le prouver.

Le vicomte, écoutant parler la financière avec un sérieux qui valait le persiflage le plus acerbe, reprit la liste qu'il avait jetée sur le guéridon, la parcourut attentivement; puis se tournant vers madame Saint-Olben, lui dit, avec une froideur étonnée :

— Eh! mais, donc, avez-vous oublié l'excellente dame Lebarnon?

— L'ai-je oubliée? répliqua madame Saint-Olben; et elle rougit involontairement.

— En effet, ajouta la demi-parente, son nom ne se trouve point parmi cette foule brillante.

— On l'y mettra, on l'y mettra, ma chère; je ne vous connaissais pas pour elle la tendre sollicitude que vous manifestez.

Madame Rinard repartit : — N'est-ce pas votre meilleure amie, la compagne de votre jeunesse?

— Je le sais, je le sais, ma toute belle; je l'aime sans doute, j'apprécie ses excellentes qualités; mais peut-elle maintenant se produire dans le monde?.... Depuis son second mariage...

— Eh bien ! dit le vicomte en franc questionneur, ce second mariage...

— L'a horriblement compromise. La veuve d'un colonel de cavalerie, épouser un marchand de bas au détail !

— Je croyais, répondit le vicomte, que le commerce, l'industrie et la banque étaient respectables dans toutes leurs branches.

— Vous êtes un persifleur, s'écria la financière; oui, je respecte tous ceux qui travaillent; mais faut-il, pour cela, se lier à tout l'univers ?

—C'est précisément ce que l'on dit, pour se défendre, dans le noble faubourg, reprit le vicomte, en appuyant sur ces derniers mots.

— Oh ! c'est bien différent, dit la dame vivement piquée, on peut établir une comparaison entre la noblesse et une haute maison de banque, tandis que ces estimables *détailliers* sont de si petites gens ! On a là des idées si étroites, si mesquines, si drôles : le mari de mon amie, par exemple, je gage qu'il ne sait ni parler, ni se taire.

Le vicomte alors : — Je crains que le niveau de juillet n'ait pesé que sur des sommités, et qu'une autre révolution ne reste à tenter pour nous faire descendre jusqu'où on ne veut pas aller.

L'homme de lettres prenant alors la parole, pérora longuement pour prouver la nécessité d'arrêter le chaos de la démagogie; que tout maintenant étant pour le mieux, on ne saurait aller au-delà sans péril.

Je vous entends, répliqua le vicomte, on défendra au peuple d'aller en avant; car à quoi bon ? Le commerce et l'avocasserie ont fait leur affaire; morbleu ! mesdames et messieurs, cela ne sera point; et puisque vous avez voulu tâter de l'égalité, vous la boirez tout entière. Il n'y a pas de milieu, ou tous les états seront étagés, ou ils seront tous pêle-mêle. Voilà ma maxime.

M. d'Urbal s'échauffait; madame Rinart qui

avait trop de moyens de plaire pour attacher du prix à des distinctions sociales, voyant d'ailleurs que le dépit gagnait la maîtresse de la maison, se tourna vers elle, et lui demanda si depuis long-temps elle avait eu des nouvelles de sa nièce?

— De la princesse de Courtenai! répondit avec solemnité madame Saint-Olben... oui... non... elle me néglige.....

— Le nom serait beau à placer sur cette liste, dit le vicomte nonchalamment.

— Croyez-vous... cette chère enfant! poursuivit la dame, frappée d'une pensée subite, j'ai toujours eu la plus vive fantaisie de l'appeler auprès de moi, mais ses grands parens, son aïeule paternelle, la marquise d'Armenseine, le frère de son père, le comte de Lombel, sont sans doute des gens peu sociables, qui doivent haïr les banquiers, nous autres *gens de rien;* et un refus de leur part me serait pénible... Qui les connaît d'ailleurs? châtelains ruinés de la basse Bourgogne..... ce doivent être des ours, des contempteurs du siècle, des ennemis de notre excellent roi.....

— Essayez-en, dit le vicomte, et si c'étaient de bonnes gens sans prétention aucune?

— Des Courtenai! vicomte, dit Sorlerin.

— Ce ne sont pas des Roth!... monsieur, fut-il répondu avec une profonde et impertinente révérence.

— Qu'en savez-vous, monsieur? demanda la financière avec un demi-ton d'aigreur.

— J'ai rencontré en émigration le comte de Lombel, c'était un homme de sens, de raison et d'honneur : il n'a pas fait fortune ni prêté de serment depuis 1789.

— Cela ne prouve pas pour son habileté, dit le littérateur ministériel.

— Oh! vous lui dameriez le pion.

— Je suis charmée, vicomte, que vous ayez des rapports avec la famille de ma nièce, pourquoi ne m'en avez-vous pas instruite plus tôt?

— Pourquoi! madame ne m'avait jamais

parlé de mademoiselle de Courtenai ; votre retenue ordonnait ma discrétion.

— Hélène serait charmée, je gage, de voir Paris, le monde et la cour ; pensez-vous que les parens consentiraient à me la confier? on me boude peut-être dans ce château! Il y a toujours eu peu d'intimité entre ma sœur et moi : sa *joliété* la fit marier en province, où elle se trouva grande dame sans trop de bien. J'eus pour époux un *bon bourgeois*, riche, qui décupla sa fortune ; ma sœur, fière de son rang, ne se réclama jamais de moi; je respectai ma position, et il en advint que nous demeurâmes éloignées par la distance et le sentiment. Elle mourut au bout de trois ans de mariage ; on me communiqua sa perte officiellement, et ce fut tout ; sa fille m'a écrit deux ou trois fois; j'ai répondu des billets de six lignes ; j'ai envoyé quelques nippes, des bijoux, un cachemire, un boa. Je suis en règle, mais j'aurais pu faire mieux. La princesse de Courtenai est mon propre sang, et je dois l'appeler près de moi; elle se liera avec ma fille et mon fils, et ils noueront ensemble une amitié qui ne sera pas désavantageuse à la princesse de Courtenai.

Madame Saint-Olben ne déguisait pas assez le plaisir qu'elle avait à répéter le titre de sa nièce; les trois auditeurs s'en aperçurent et ne le témoignèrent pas; ils l'excitèrent à accomplir son projet, madame Rinard en disant que ce serait une danseuse de plus; le littérateur en prétendant qu'il fallait conquérir ce beau nom à la cause de la liberté et de l'égalité, ce qui signifiait à celle du juste-milieu; et le vicomte en louant le bon cœur de son amie. Il fut donc convenu qu'une lettre serait écrite par la tante et adressée à la marquise d'Armenseine; que M. d'Urbal en expédierait une pour le comte de Lombel, et qu'on manœuvrerait de façon à ce que la jeune fille arrivât avant le bal annoncé.

— Mais, dit madame Rinard en souriant,

si la princesse de Courtenai est une grosse, laide et maussade campagnarde ?

— C'est un affront fait à la qualité! s'écria la financière, qui regarda malignement le vicomte; une demoiselle du sang des Capets serait ignoble et commune dans sa tournure? cela ne peut être, vicomte.

— Ce sera au moins, repartit celui-ci, une créature simple, sans présentation, bien ridicule; car elle rougira, ira à la messe, se confessera, ne ricanera point, ne coquettera pas, et ne saura chanter aucune romance nouvelle, ni danser la cosaque ou pis encore.

— Fort bien, monsieur, jetez des pierres dans notre jardin, tournez nos *demoiselles* en railleries, moquez-vous de nos éducations modernes faites à la clarté du flambeau de la philosophie.

— Que l'amour prend bien souvent pour le sien.

— D'ailleurs, qui manque de principes? qui fausse ses devoirs? j'envoie mes gens à l'office le dimanche, je suis dame de charité, et vous êtes le Méphistofélès de l'époque actuelle.

— Je me défends quand on m'attaque, et j'en appelle à monsieur, si la diplomatie lui permet d'être sincère, et à madame, qui certainement le sera, car la franchise est sa vertu première.

Madame Rinard allait répondre à cette épigramme tournée en compliment, lorsque deux visites survinrent : un duc de l'ancien régime et un conseiller-d'état du nouveau, l'eau et le feu ensemble; on cessa la conversation et on se leva pour les recevoir.

II.

LA SŒUR, LE FRÈRE ET LE VALET.

*Bono ingenio me esse
ornatum, quàm auro multo mavolo.*
Plaute, *le Penule,* act. III, sc. I.

J'aime mieux avoir un
bon caractère que beaucoup d'or.

— Athénaïs, es-tu visible?

— Pour vous, seigneur, oui.

— Ah! ma sœur, que la journée est longue.

— Et la semaine, et le mois, mon frère, ce sont des années.

— Qu'il est difficile de passer le temps!

— Passerait-il plus vite si on l'employait?

— Le gaspillons-nous... en as-tu jamais fini avec tes maîtres de dessin, de musique, de danse, de littérature, d'histoire, de broderies; avec tes fleurs, tes oiseaux, ton singe, si malin, et ton délicieux griffon : et moi, est-ce que je demeure les bras croisés ; je suis toujours en courses chez mes ouvriers, chez mes amis, au bois de Boulogne, au manège, au tir, aux Bouffes, à l'Opéra; je me hasarde même dans la profonde solitude des Français; je monte à cheval, je rôde à pied, j'achète des armes rares, des tableaux de prix, j'ai des créanciers, des cours de physique, des amis, des parties..... délicieuses..... enivrantes... eh bien! les minutes se traînent, les heures ne finissent pas, je m'ennuie, je bâille, tout me fatigue...

— Tu vas à la cour... le prince royal est de ta batterie.

—Plaisirs bien variés, l'exercice du canon! quant à monseigneur, il est avec nous sans y être, il ne nous comprend pas: d'ailleurs, moi, vois-tu, je suis républicain...

— Toi, Lucien, miséricorde... toi, républicain ! et notre père qui est la colonne fondamentale du juste-milieu ! y songes-tu, il va être pair, notre mère pairesse...

— Et moi, un citoyen actif, cela vaut mieux. Les républicains s'agitent ; il y a en eux des sensations, on est quelque chose, avec eux, on se sent vivre ; d'ailleurs, j'abhorre notre vie actuelle, ce monde dont on nous entoure, ces grandeurs qui m'étouffent: je ne suis pas né noble, et bien que notre honorée mère déteste les femmes de qualité, elle a dès ma naissance cherché à me maçonner entre une double muraille héraldique ; il n'y avait que des princes, des ducs, des comtes de l'ancien régime dans la pension où l'on m'a élevé ; je devais prendre là mes amis, il en est résulté que j'abhorre cette caste insolente ; je leur préfère... mon nouveau valet de chambre, c'est un homme..... un décoré de juillet : vrai philosophe, qui se met en condition pour vivre et pour observer...

— Je vois avec peine que tu ne pourras de sitôt descendre au niveau de Lomont; car il n'est pas présumable qu'avec ta fortune tu endosses la livrée. Oh! Lucien, est-il possible que tes goûts soient aussi peu convenables; une belle carrière s'ouvre devant toi : tu vas être secrétaire d'ambassade en pied; aspire à monter plus haut : les honneurs sont une des sources de nos jouissances...

— Ambitieuse... L'âme de notre respectable mère a passé dans la tienne; quant à moi, je ne désire rien de ce qu'on obtient par une intrigue relevée : je voudrais...

— Quoi ?

— Tu vas rire.

— C'est possible, mais parle toujours.....

— Eh bien! aimer, et être aimé.

La jeune Athénaïs Saint-Olben, à ces dernières paroles, s'abandonna à un éclatant accès de gaîté. L'aveu de son frère lui parut si plaisant, si neuf, il était surtout si imprévu!...

— Je croyais, lui dit-elle après, que tu

n'avais pas attendu à cette heure pour goûter ce bonheur : et si ma mémoire est fidèle, je compte sur mes doigts, depuis quatre ans, au moins neuf ou dix Arianes abandonnées.

— Non, je n'ai pas encore connu l'amour, répliqua Lucien impétueusement, ma tête, mes sens exaltés m'ont entraîné en esclave; au milieu de ce délire, mon âme restait froide et mon cœur muet. Aimer ! et qui, je te prie? ces folles qui dans la bonne compagnie accueillent tour à tour des hommages qu'on leur adresse, ou ces créatures qui circulent dans un rang inférieur, semblables à ces monnaies usées dont le métal qui les compose ne conserve plus aucune empreinte, ou ces douairières infatigables dont l'aspect repousse et qu'on voit depuis dix ans former l'éducation de la jeunesse ascendante; car voilà tout ce qu'on peut rencontrer maintenant.

— Oh! monsieur, que vous êtes difficile ou maladroit, ce que je crois plutôt; n'est-il dans Paris que ces femmes dont vous m'offrez la peinture, et parmi les jeunes filles de notre société intime...

—Ma bonne sœur, ne te fâche pas, je t'ai dit que je voulais aimer, ai-je ajouté que je cherchais une femme? et parmi vous, mesdemoiselles, qui ne voulez qu'un mari, dès qu'un adorateur se présente, vous l'envoyez à vos respectables parens, non par vertu, mais afin qu'il s'explique vite pour qu'il épouse, s'il peut faire un seigneur et maître; de sorte à ce que le lendemain vous ayez à vous une maison, des gens et la liberté plénière.

— Seriez-vous, dit Athénaïs, de ces républicains qui voudraient notre esclavage?

— Je suis de ceux qui, lassés de tout, souhaitent du changement. Je désire rencontrer l'amour tel que je me le figure, avec ses ardeurs, son enthousiasme, sa frénésie, doux, féroce, timide, passionné, propre à troubler l'esprit, à porter dans une existence nouvelle. Il me le faut avec ses jalousies, ses dépits, ses dédains, ses orages; enfin, que j'atteigne par lui à ce haut degré, qui nous sépare de la monotonie de nos joies communes.

— En vérité, tu me fais pitié, répondit Athénaïs : es-tu digne d'être aimé de cette manière, toi, si léger, si frêle dans tes goûts; toi, déjà vieillard par ton imagination éteinte, lorsque tu es plein encore de jeunesse et de force; toi qui n'as plus de désirs à former, car tu as satisfait tous ceux qui peuvent naître dans l'esprit de l'homme.

— Et voilà pourquoi je me désole, dit Lucien en frappant le parquet du pied. D'ailleurs, où trouver cette femme fidèle, telle que je me la figure, et que mes rêves me la représentent?

Et en parlant ainsi, les traits du jeune homme, ordinairement inanimés, prirent tout-à-coup une expression extraordinaire : une flamme brilla dans ses yeux, les muscles de sa bouche se contractèrent, et ses bras se tendirent involontairement en avant comme pour saisir cette chimère qu'il se créait avec tant d'ardeur. Sa sœur, surprise de ce qu'elle voyait, l'examina un instant en silence, et puis se mettant à sourire avec malignité :

— Je crois, Lucien, que samedi prochain au plus tard cette merveille, sans pareille nous arrivera par la diligence de la Basse-Bourgogne.

— Quelle est cette mauvaise plaisanterie? répliqua le jeune Saint-Olben. Est-ce à vous à badiner aux dépens de votre frère?

— J'ai trop de respect pour lui, repartit Athénaïs en faisant une profonde révérence; je sais ce que je lui dois : aussi, est-ce le langage de la vérité que j'ai tenu, en lui annonçant la venue prochaine de cette divinité qui le rendra le plus heureux des hommes ?

— Explique-toi mieux, demanda Lucien; car je ne te comprends pas ?

— Eh bien! mon très-cher et vénérable frère, apprenez que, samedi, la province vineuse de Bourgogne perdra, pour quelque temps au moins, son plus bel ornement en la personne de très-haute, très-chétive, très-puissante et très-pauvre demoiselle et princesse Hélène de Courtenai, notre cousine germaine, fille d'une sœur de madame notre mère.

— Eh! bon dieu! que vient-elle faire à Paris, cette parente qui nous est inconnue? Le moment n'est pas favorable pour ceux de sa race. Je présume qu'elle n'a pas le projet de réclamer la couronne du droit de sa branche, la loi salique étant en vigueur plus que jamais.

— Son frère pourrait avec plus de raison avoir cette prétention.

— Son frère! Elle en a un?

— Tu l'ignorais, Lucien?

— Ma foi... des gens que l'on n'a jamais vus... et d'où sais-tu ce fait?

— Ma mère vient de me l'apprendre, elle qui aime si peu la noblesse d'autrefois.

— Avec dépit, sans doute.

— Point, s'il vous plaît, mais avec la physionomie la plus riante. Au demeurant elle aurait tort d'être fâchée, car c'est elle-même qui, par une lettre piquante, a provoqué cette visite; si tu vivais avec nous, tu saurais les détails de famille. Mais monsieur ne fréquente dans la maison que des palefreniers et son valet de chambre.

— Allons, pas de reproches; donne-moi des nouvelles : le frère accompagne-t-il la sœur?

— La sœur, le frère, la grand'mère, l'oncle...

— J'entends, la Bourgogne, au petit pied, tous les Courtenai du monde; ils vont fondre sur notre hôtel, l'empester d'une fine odeur de province...

— Eh bien! en ceci encore, vous vous trompez, monseigneur, nous n'hébergerons que la cousine Hélène : le reste des nobles parens ira loger rue de l'Université. Vous comprenez que des personnes de cette volée ne peuvent habiter que sur la rive gauche de la Seine; il y a une vieille dame, leur amie, qui leur cède un appartement dans son hôtel.

— Oh! ma sœur, que nous allons rire! Ce hobereau fier de son nom, cette paysanne princière, et cette aïeule en falbalas, en paniers peut-être, et cet oncle à rouge trogne, grand buveur, chasseur déterminé, et que nous passerons gaîment notre temps avec cette collection de portraits de famille!

— Comment, Lucien, est-ce que la sympathie n'agit pas déjà sur toi? ton ame est tranquille : ne devinera-t-elle point que le moment fatal approche?

— Lequel, s'il vous plaît, ma sœur?

— Celui de notre mariage, mon frère.

— De mon mariage avec ma cousine-germaine de Basse-Bourgogne, sotte comme un panier, et pauvre comme Job!

— Et l'alliance avec toutes les têtes couronnées de l'Europe, et l'écu des Courtenai placé à la gauche du tien. Que t'en semble?

—Mon père sait trop ce que les écus d'argent valent....

—Pas de mauvais calembourg, je vous prie, mon très cher, notre mère ne l'approuverait point; je crois pouvoir vous assurer que ce projet existe, j'en ai entendu dire quelque chose entre Sorlerin et madame Rinard.

— La Seine n'est pas loin, répliqua Lucien, et mes pistolets à piston n'ont jamais raté, et avec ce double moyen on peut éviter toujours un mariage disproportionné.

— Une Courtenai!

— L'enfer, si tu veux, en outre, Athénaïs! J'irais m'accoler à une fille à demi-imbécille cramponnée à son nom, méprisant son mari, l'ennuyant de son commérage, de plate campagne, ou niaise, froide ou jalouse, imbécille! La vois-tu courte, ramassée, à la figure plate, aux joues rebondies, aux yeux petits, ronds et effarés, à la chevelure rousse, à la main épaisse, au pied de roi? que sais-je encore! et moi, traînant ce spectre solide, honteux, embarrassé, me cachant derrière elle, et ne trouvant de courage que pour me suicider.

— La vois-tu, mon frère, unissant à la candeur d'un ange l'esprit d'un démon, la taille d'une nymphe, l'adresse d'une fée? Admire ses grâces, sa blancheur rosée, ses yeux bleus et vifs, fendus en amandes, ses cils et ses sourcils bruns, sa chevelure noire et bouclée, ses doigts fins et déliés, son pied mignon, sa démarche enchanteresse! Entends-tu sa voix argentine, dont le timbre si doux vibre dans ton cœur? Elle a de la dignité, mais sans orgueil, de la simplicité sans niaiserie, de la gaîté unie à beaucoup de raison. A son aspect, tu t'écries : Astre de mes songes! reine de mes châteaux en Espagne! je tombe à vos genoux; acceptez mon amour, faites-moi votre esclave, votre mari....

Lucien, en riant, interrompit sa sœur; puis il lui dit :

— Maligne que tu es, tu ne crois pas à la

réalité de ta peinture fantastique, et tu as raison : au demeurant, ne nous tourmentons point d'un malheur à venir. Quant à moi, qui suis de ces jeunes hommes au cœur formé, aux principes arrêtés, je saurai pousser ma vie dans le chemin qu'il me plaira de la lancer, et mes parens ne feront de moi que ce qu'il me conviendra qu'ils en fassent.

Lucien, après ces derniers mots, s'éloignait; puis, une pensée le frappant, il revint vers sa sœur : — Et du Courtenai, qu'en dit-on pour toi?

— Pour moi! s'écria la belle Athénaïs, qui rougit à son tour, il n'en est pas question : sa présence.... Le nom, pourtant, est beau. Il est si humiliant de n'être la femme que d'un commerçant, d'un avocat ou d'un doctrinaire!

— Ainsi, ma propre famille abjure déjà les idées libérales!

— N'avons-nous pas triomphé?

— Dès-lors elles ne sont plus utiles : c'est ce que tu voulais dire, ma sœur.

— Le prince de Courtenai, mon mari! la folle idée!... Ah! que mademoiselle de L... piétinerait de fureur, si j'étalais un jour la principauté antique et toute royale de mon mari auprès de celle si moderne et si roturière du sien?

Honteuse d'avoir avoué cette chimère de son orgueil, Athénaïs Saint-Olben se retourna, tandis que son frère partit en chantant :

> Vilains, respectez les quartiers
> De la marquise de Pretintaille.

Il n'alla que jusqu'à son appartement. Là, il se jeta sur un divan large, que deux beaux chiens de chasse occupaient déjà en partie.

— Place, Castor; à bas, Pollux. Comment, drôles, vous ne vous dérangerez pas pour votre maître!

Les chiens commencèrent alors à sauter

sur lui, à le lécher, à le mordre en pleine amitié, et il passa gaîment le temps en si *bonne compagnie*. Mais enfin, il fallut la quitter. Quelqu'un survint, le valet de chambre Lomont. C'était un grand pendard qui pouvait avoir une trentaine d'années : il portait sur sa figure les signes caractéristiques d'une méchanceté prononcée. Il avait de petits yeux perçans, quoique clignotans, les lèvres presque aplaties, les joues tendues, le front très-avancé, et recouvert presque en entier par une forêt de cheveux roux. Il parlait avec une sorte de difficulté qu'on aurait pu prendre pour de la réserve; sa tournure annonçait un franc mauvais sujet. Il ne croyait à aucune vertu, parce qu'il possédait tous les vices; il n'aimait rien, pas même l'argent. Il ne jouissait que des souffrances d'autrui; et attendu que le libertinage en avait fait un valet de chambre, il déclarait guerre à mort à l'espèce humaine. Jacques Lomont, fils d'un honnête bourgeois, naquit appelé à posséder une fortune suffisante à un homme de bien; mais il la consomma dès qu'il put en jouir après le décès de son père. Il épuisa, ce qu'on appelle parmi les bandits les plaisirs de la vie, et qui ne sont au fond que les excès de la débauche. Tour à tour soldat sans valeur, maître en faits d'armes, comédien de campagne, claqueur à Paris, agent de police, crieur public, chassé de tous les lieux, expulsé de toutes les corporations, il avait fini, disait-il, par prendre sa retraite, et se donner pleine liberté en se mettant au service des autres. Paresseux non moins que scélérat, sa seule nonchalance s'opposait à ce qu'il fît le mal constamment. Il sommeillait depuis un peu de temps; car Lucien, son maître, n'employait qu'à demi sa fertile imagination. Ce repos forcé lui déplaisait parfois; et, dans la circonstance, il commençait à s'en lasser, lorsqu'il se présenta devant son maître.

Celui-ci, l'entendant approcher, leva nonchalamment la tête, et, se débarrassant de ses deux épagneuls de forte race, il se tourna vers lui :

— Lomont, dit-il, grande nouvelle!

— Le choléra n'est pas en France, monsieur, et Paris ne brûle point par les quatre bouts?

— J'ai des détails qui vont indigner tes frères les vainqueurs de juillet.

— J'exterminerais la monarchie, la république, l'empire si j'en avais le pouvoir, car je hais ceux qui sont heureux.

— Moi le premier, je gage.

— Vous, monsieur, comme les autres, quoique vous soyez un bon maître pourtant.

— Ingrat! tu es un vrai philosophe!

— Philosophe! non, car j'avoue mes vices, et ne me pare d'aucun vernis d'honnêteté.

— Faquin!

— Soit, je ne disputerai pas sur les qualifications... Vous avez donc une nouvelle à m'apprendre?

— Oui, et majeure; elle me concerne.

— Un créancier de mauvaise humeur?

— Non.

— Un duel? C'est folie!

— Non, pis que cela.

— Vous aurez donné votre argent pour une œuvre de bienfaisance?

— Je me marie, Lomont.

— Diable!

— Ou, pour mieux dire, on me marie... ou, pour mieux dire, je ne me marierai pas.

Le valet regarda son maître avec autant de surprise que de malice; puis, prenant la parole :

— Monsieur m'avait annoncé une grande nouvelle, et il a démenti par trois fois ce qu'il avançait.

— C'est, vois-tu, que je suis incertain sur ce qu'il y aurait à faire; mes parens songent à m'imposer une femme, et je dois m'occuper à écarter de moi ce calice si amer.

— Oh! combien elle doit être riche! On

pourra puiser jusqu'au coude dans le coffre qui renferme sa dot!

— Elle n'a pas un sou.

— C'est donc une princesse?

— Coquin! *c'est toi qui l'as nommée.* Qui t'a porté à deviner?

— Hélas! monsieur votre père et madame votre mère ont dit devant moi, depuis quatre ans, tant de mal de la haute noblesse, que je n'ai pu douter de l'envie extrême qu'ils avaient de s'allier avec elle.

— Mais, Lomont, vous êtes le drôle le plus impertinent qui porte la livrée dans la bonne ville de Paris; et, Dieu aidant! si vous manquez encore de respect à mes proches, il me faudra en conscience vous faire mourir sous le bâton.

Le valet ne répliqua point; mais un éclair sinistre jaillit de sa verte prunelle, un éclair qui certes avait été s'allumer dans le cœur d'un scélérat. Il ne fut pas aperçu de Lucien, qui recommençait à jouer avec ses chiens de chasse, et qui, prenant le silence de Lomont pour du repentir, poursuivit :

— Oui, on me destine la main d'une princesse, non choisie parmi ces altesses impériales, grandeurs de contrebande, et trop modernes d'ailleurs pour briller d'un vif éclat, mais issue du plus beau sang du monde, ma cousine-germaine par sa mère, une Courtenai enfin. Tu dois connaître ce nom et ces gens ; car tu es né en Bourgogne, à ce que je crois, en attendant qu'on te branche dans l'Ile-de-France ?

Pour cette fois un regard infernal ne fut pas la réponse du domestique ; un sourire sardonique, sorti de la même origine, inquiéta presque celui qui le surprit errant sur les lèvres pâles de Lomont, et Lucien, avec plus de vivacité, répéta sa question.

— Oui, monsieur, les Courtenai me sont connus. Ah ! c'est une race illustre ; il y a de la royauté dans le sang qui remplit leurs veines, et je présume qu'on ne se mésalliera pas deux fois dans cette maison.

Lucien se leva comme malgré lui du divan sur lequel il était alongé. On aurait dit l'éclat d'un choc électrique.

— Scélérat! on me refuserait, moi... moi!... Ah! la plaisante folie! des gueux qui meurent de faim, des hobereaux à qui, pour toute pâture, il reste des prétentions héraldiques!... Cela est-il croyable? sais-tu ce que mon père possède en terres, en pâturages, en forêts, en étangs, en mines, en rentes sur l'État, à la Banque et dans mille entreprises? Il aurait acheté tous les domaines des Courtenai depuis la création du monde, et ils ne prétendent pas venir d'aussi loin... Me refuser!... Ils viendront à deux genoux remercier ma mère; ils se feront vêtir, loger, nourrir, porter, désaltérer à nos dépens; ma roture féconde sera leur vache à lait. Je les connais tous, ces nobles de l'ancien régime!

— Tous! c'est possible, et non les Courtenai; ils vous refuseront, vous dis-je. L'aïeule, l'oncle, le frère...

— On jurerait que tu as vécu avec eux.

— Je les ai vus de près, répliqua Lomont d'une voix altérée, tandis qu'un nuage sombre couvrait son front. Dieu vous préserve de vous rencontrer face à face avec l'épée du baron Eleuthère; il ne vous resterait plus qu'à faire votre paquet.

— Moi! qui mets dans le blanc au moins treize coups sur douze que je tire, je veux aimer mon doux cousin, si je peux, et ne le craindrai jamais.

— Soit. Mais ne lui cherchez pas noise; c'est un méchant coucheur.

— A ce que tu en contes, je soupçonne qu'avec du bois vert il a relevé ta moelle épinière, comme dit Figaro.

Lomont fit une laide grimace, et quelque chose de haineux s'alluma dans son œil abaissé

— Mais pourquoi, continua Lucien, puisque les Courtenai sont si haut dans ton estime, ne titres-tu pas de prince le frère d'Hélène?

— Je me conforme à l'usage suivi chez

eux; ils dédaignent les qualifications trop relevées, à cause de la médiocrité de leur existence; ils laissent dormir leur principauté, sauf à la reprendre, car elle leur est bien due, dans un meilleur temps.

— Ceci annonce au moins en eux de la raison; ces campagnards ne sont donc pas si stupides?

— Vous les jugerez.

— Qu'est-ce que mon demi-cousin?

— Ce qu'on appelle un homme d'honneur, ce que je qualifie de franche dupe: il n'a jamais menti ni trompé; sa parole vaut sa signature; il croit au ciel, et a de l'esprit; il est beau garçon : il vous ressemble.

— Flatteur!

— Oui, de figure.

— Coquin! voilà le correctif.

— Vous ne seriez pas d'accord au-delà d'une semaine.

— Peux-tu le deviner?

— J'en suis assuré.

— Et sa sœur?

— Sa sœur! Je vous plains, monsieur Lucien.

— Pourquoi, s'il vous plait?

— Parce que vous l'aimerez à la folie, et qu'elle ne sera jamais votre femme.

— C'est ce que nous verrons.

III.

DES JEUNES HOMMES DU JOUR.

> La plupart des hommes emploient la première
> partie de leur vie à rendre
> l'autre misérable.
> LA BRUYÈRE.

Le valet de chambre de Lucien, après les dernières paroles échangées dans la conversation rapportée au chapitre précédent, sortit emportant avec lui l'habit quitté la veille au soir par son maître; il passa dans une pièce voisine, ouvrit les fenêtres, et se mit en fonction de nettoyer une manche sur laquelle avait tombé une goutte de thé par trop sucré. Il se livrait machinalement à ce travail qui ne lui était pas ordinaire, car Lucien avait l'usage de mettre au rebut tout vêtement altéré dans sa fraîcheur. Mais alors, ni le maître ni le domestique n'appartenaient à ce monde matériel; ils s'enfonçaient également en des pensées plus majeures. Le premier venait d'apprendre, avec une sorte de dépit, que sa cousine future était jolie; il l'aurait voulue laide et maussade; et puis, son amour-propre s'indignait plus vivement encore de l'assertion insolente de Lomont, qu'on ne consentirait pas à lui accorder la main de mademoiselle de Courtenai.

Lucien avait toujours vécu au milieu des enivremens du luxe et des richesses immenses; ce nouveau républicain ne connaissait aucune borne à ses fantaisies; il était par sa fortune au rang le plus élevé de la société, marchait l'égal des premiers noms du royaume, et si on ne l'admettait pas dans quelques cercles du faubourg Saint-Germain, il s'en embarrassait fort peu, car une multitude de familles nobles lui faisaient un accueil gracieux ; celles surtout où il y avait des filles à marier. Plus d'une déjà lui avait été proposée, et celles-là ne sortaient pas des maisons les moins illustres; et, lorsque sans trop s'en faire accroire, il pouvait se flatter de choisir en bon lieu, voici qu'un valet insolent lui signifiait qu'une famille arrogante dans sa pauvreté lui refuserait obstinément l'honneur de son alliance.

Peut-être que Lucien, si un autre cours avait été imprimé à ses idées, n'aurait attaché aucune importance à la prévision du domestique, mais il venait de signifier à sa sœur qu'il ne voudrait pas épouser leur cousine, bien que ce fût le désir de leur mère; et maintenant il n'aurait pas la gloire de refuser la main de la campagnarde, qui, au lieu d'être une petite créature mal tournée, possédait toutes les grâces qui charment et attirent, et sans doute aussi les ressources d'un esprit qui retient. Lucien, d'ailleurs, voulait aimer; c'était son choix de l'heure présente, il l'avait fait connaître pareillement; et à se choisir une passion ardente, il n'aurait pu mieux rencontrer qu'une jeune personne de si haut rang, et possédant tant d'avantages physiques et moraux.

Il demeura long-temps enseveli dans cet orage de réflexions qui élevèrent par degré une tempête violente dans son cœur : il y eut un tel concours de sentimens extraordinaires mis en jeu, que dans un espace de quelques minutes, pour ainsi-dire, il passa de l'indifférence la plus complète à l'amour le plus impétueux. Était-ce de l'amour que ce qui naquit en lui si vite? oui! c'en était à ses yeux; il désira vivement la possession de sa cousine, il fit de celle-ci son idole adorée, il l'attendit avec une extrême impatience, et, à plusieurs reprises, il jeta sur les glaces de l'appartement un regard interrogateur, afin de savoir si sa figure, si son ensemble, sauraient plaire à celle dont il sentait si violemment le besoin d'être aimé.

Il était bien, sans être d'une beauté remarquable, sa chevelure brune et bouclée, l'air de santé et de contentement répandu sur toute sa personne frappaient au premier abord; il ne manquait point d'esprit, quoiqu'il fût sans aucune instruction, ayant mal fait ses études, selon l'habitude de ceux qui n'ont pas besoin de leur travail; il possédait à merveille le jargon de la société. Il saisissait les ridicules, persiflait gracieusement, savait par cœur Béranger et quelques poètes, et cela suffisait pour qu'il ne passât point inaperçu. Son caractère, en rapport avec sa science, se composait de contrastes bizarres; il unissait la tenacité à la nonchalance, la vivacité à une indifférente froideur; il était méticuleux, susceptible dans tout ce qui touchait à sa vanité, et traitait largement le reste des affaires de la vie. Indifférent au mal et au bien, placé, comme tant d'autres, entre la vertu et le vice, il n'avait pas encore fait un choix décisif, assez enfant pour croire que l'on se range parmi les hommes en affectant l'incrédulité. Il se croyait esprit fort, parce qu'il abjurait tout culte et qu'il se moquait des prêtres; assez mauvais fils, parce qu'il avait eu de mauvais parens, il tentait volontiers à resserrer en lui le cercle complet de ses affections. Ce n'était pourtant pas un être méchant; il aurait pu se montrer sous un jour avantageux, mais il eût fallu un directeur habile, une mère éclairée, un père qui ne fût pas empreint de l'idée que tous ses devoirs seraient remplis lorsque les richesses de ses enfans dépasseraient celles de leurs amis. Cette erreur est surtout bien commune, et quoique l'or fasse beaucoup, il ne fait pas tout, car il ne sauve d'aucun excès et ne garantit d'aucune faute.

Lucien, lassé de réfléchir et de se tourmenter d'une manière humiliante pour son orgueil, se décida à sortir, espérant que la distraction le délasserait davantage; il refusa de prendre son cabriolet, et gagna le plus lestement possible le boulevard de Tortoni, ne sachant encore trop où il allait, mais ne doutant pas que sa bonne fortune ne vînt à son secours. Je le laisserai cheminer pendant un peu de temps sans le perdre de vue, mais il faut que Lomont monte sur la scène, où il jouera un rôle majeur.

Il était resté, ai-je dit, dans une salle, occupé à nettoyer négligemment un habit de Lucien, et pendant ce travail son imagination se portait vers une époque éloignée de l'histoire de sa vie. Jacques Lomont, Bourguignon de naissance, habitait avec sa famille aux environs d'Auxerre, dans la petite ville où les Courtenai possédaient leur château. Là il avait appris à connaître et à vénérer cette dernière branche d'une des plus grandes familles de France, et qui, bien qu'entièrement écartée des honneurs de la cour, conservait en province le rang dû à son origine royale.

Lomont, quelle que pût être la mauvaise direction de son cœur, cédait lui aussi à la force de ce préjugé qu'on ne vaincra pas de long-temps, malgré les efforts inouïs de la banque et de l'avocasserie, et qui consiste à rendre des hommages volontaires à ceux dont les ancêtres ont paru avec éclat autrefois. Lomont tenait à grand honneur d'être admis à partager souvent le plaisir de la chasse avec le jeune Éleuthère de Courtenai, qui, moins âgé que lui de trois années, avait néanmoins une supériorité immense de position sociale et de mérite réel; mais quoique tout séparât ces deux personnages, ils étaient rapprochés par cette simplicité de formes si commune, quoi qu'on en dise, aux véritables gens de qualité, eux toujours prêts à briser la distance au détriment de leur rang, et à se familiariser avec les paysans qui les avoisinaient; ils évitaient avec un soin extrême de faire sentir leur supériorité. Ils paraissaient les premiers parmi leurs égaux, ne montrant de la fierté que dans les occasions importantes, ou lorsqu'il fallait lutter avec les gentilhommes des alentours.

Éleuthère de Courtenai appartenait au premier mariage de son père avec une fille d'une maison illustre de la Franche-Comté : demi-frère d'Hélène, il ne la chérissait pas moins avec toute la tendresse d'une âme vertueuse, et jamais il ne lui fit connaître qu'elle n'était pas en entier du même sang que lui. Éleuthère, à seize ans, paraissait en avoir près de vingt, à tel point, et sa physionomie grave et belle était formée, et sa stature développée, ses mouvemens, aussi retenus que gracieux, achevaient de compléter l'illusion. On ne voulait voir en lui, non un adolescent, mais un jeune homme dans toute la vigueur de la perfection, et prêt d'entrer dans la carrière de la vie.

Son oncle, revenu à temps de l'émigration, avait été son instituteur après le décès de son père; il lui inspira des sentimens relevés, un goût pur et qui ne se trompe jamais, une probité inflexible, la haine des méchans, l'amour du bien et l'habitude de se rendre compte à soi-même de tout ce qui se passait devant ses yeux : peut-être ne lui laissa-t-il pas assez ignorer la grandeur de sa naissance ; du moins, si en ceci il commit une erreur, il inspira par là à son élève une frayeur permanente et salutaire de ne rien faire de ce qui déshonorerait son nom. Ce préjugé de caste sera toujours la meilleure des sauvegardes contre les entraînemens du caractère et la séduction des plaisirs. Éleuthère conservait au fond de son cœur cette pensée vaniteuse : il s'attachait à ne point la laisser paraître ; il aurait souffert qu'on l'eût devinée : c'était son secret et le guide caché de ses actions les plus indifférentes.

La seule carrière convenable à un Courtenai était celle des armes : il l'avait suivie avec distinction, et gagné, soit en Espagne, en 1823, soit plus tard, en Grèce, soit enfin sous les remparts d'Alger, les deux croix de France et d'Espagne qui brillaient sur sa poitrine, et le grade de lieutenant-colonel, qu'il ne portait plus que par souvenir, puisqu'il était un de ceux auxquels un nouveau serment à un nouvel ordre de choses parut impossible à prêter; il avait quitté le service avec regret, mais par dévoûment à la branche aînée : il la croyait toujours sa souveraine, et, s'il ne conspirait pas, il voulait être libre de former des vœux pour elle.

Tel était au moment présent le baron de Courtenai, tandis qu'à sa seizième année, moins occupé des affaires politiques et plus de ses délassemens, il passait dans la campagne la portion de la journée qu'il ne donnait point à ses études. L'effronterie de Lomont l'avait rapproché d'Éleuthère : ce dernier lui promettait de l'accompagner à la chasse, ainsi que deux ou trois autres jeunes gens de condition médiocre et qui tenaient à honneur de se rapprocher du descendant des empereurs de Constantinople, et plus anciennement du roi de France Louis-le-Gros.

Éleuthère tarda peu à connaître la juste valeur de Jacques Lomont, et néanmoins le souffrit un peu de temps encore. Ne se voyant que dans les champs et pas en visite, il serait donc toujours facile de rompre avec lui lorsqu'il le faudrait. Lomont, de son côté, s'aperçut du refroidissement du baron de Courtenai à son égard ; il en éprouvait, non du chagrin, mais de la colère : et dès-lors une sorte de haine naquit en son cœur contre un jeune homme vertueux qui ne voulait pas s'accommoder de ses vices.

C'était dans l'hiver. Un loup affamé avait paru dans le voisinage ; l'alarme était dans les hameaux environnans : une battue générale fut décidée. Le comte de Lombel et Éleuthère voulurent en prendre leur part ; les amis de chasse de ce dernier accoururent se ranger autour de lui, et tous ensemble partirent avec le reste de la population active, impatiente de délivrer la contrée d'un hôte aussi dangereux. La terre était fortement gelée, et la marche difficile. On se disposa, afin d'occuper une plus grande étendue de pays. Le hasard fit qu'Éleuthère et

Lomont demeurèrent ensemble; ils descendirent par un chemin creux, longeant un étang qui s'étendait à leur droite et un bois qui couvrait leur gauche. L'endroit était retiré et on entendait à peine les grands cris que poussaient le reste des chasseurs...

En ce moment un gémissement de douleur et d'effroi se fit entendre assez proche et à un coude de la route; les deux jeunes gens doublèrent le pas; bientôt ils se trouvèrent en face d'une paysanne aussi jolie qu'épouvantée, fuyant sans espérance le loup poursuivi, et que le tapage dirigé contre lui rendait furieux. Le voir, le coucher en joue, faire feu, l'étendre mort fut pour le baron de Courtenai une suite d'actes instantanés : le péril était passé et la bête morte que Lomont n'avait pas encore préparé son arme.

Le passage d'un péril éminent à une sécurité complète fut si subit pour la jeune fille, elle en éprouva un tel saisissement, que ses yeux se fermèrent, et elle serait tombée de toute sa hauteur sur la terre gelée, si Lomont ne l'avait retenue dans ses bras. Eleuthère charmé de sa victoire, et ne soupçonnant plus aucun danger pour celle qu'il venait d'arracher à la mort, quitta le chemin creux et courut vers un tertre placé au milieu d'une clairière de la forêt, d'où il espérait être aperçu du reste de la chasse, désirant distraire ses compagnons de ce qui venait de se passer; mais il ne tarda pas à reconnaître que ce lieu n'était pas assez élevé, et il revint naturellement auprès des deux personnes qu'il venait de quitter.

De quelle indignation ne fut-il pas saisi, lorsqu'en s'approchant inopinément, il vit la jeune fille encore évanouie et Lomont qui essayait de commettre un crime. Eleuthère ne put contenir sa juste colère, il tomba sur ce misérable, et sans lui donner le temps de se mettre en défense le roua de coups de crosse de fusil de manière à ne pas lui laisser la possibilité de se relever, puis, prenant dans ses bras la victime d'une action si odieuse, il l'emporta au loin, jusqu'à ce qu'un groupe de chasseurs accourut à sa rencontre. Il leur apprit seulement la mort du loup et de quelle manière il avait sauvé la jeune fille, et passa sous silence le reste, ne voulant pas que le récit d'une vaine tentative nuisît à cette infortunée.

La foule bientôt, se ramassant, se transporta vers le lieu où gisait l'animal expirant. On vit à quelque distance Lomont encore couché et se remuant avec peine; on le questionna; il répondit qu'en sortant avec précipitation du bois il avait chuté dans le chemin creux; et, comme la hauteur franchie était de dix à douze pieds, on ne fut pas étonné qu'il se fût contusionné de manière à avoir besoin qu'on le transportât chez son père.

Lui, de son côté, ne dit un mot qui eût pu éveiller les soupçons; il savait trop bien que si sa conduite était connue, la justice instrumenterait à son désavantage; mais il n'en conserva pas moins une envie ardente de se venger. Il était trop lâche pour oser s'attaquer en face au baron de Courtenai ; il préféra le surprendre en traître, et ne recula point devant la pensée d'un assassinat : ce moyen extrême de punir un homme d'honneur roula pendant plusieurs jours dans sa tête sans qu'il trouvât les moyens de l'exécuter. Bientôt après, une autre mauvaise affaire dans laquelle il s'engagea, et qui ne fut point tenue secrète, le contraignit à fuir subitement la maison paternelle, et même à s'engager, afin de mieux se dérober à la colère de ceux qui le poursuivaient avec raison. Depuis lors, il resta pendant plusieurs années sans rencontrer le baron de Courtenai, qui n'habitait plus son château quand lui revint à la ville voisine. Ce fut là qu'il put apprécier les charmes de mademoiselle de Courtenai, et justifier les termes dont il se servit lorsqu'il parla d'elle à son maître.

Mais en même temps que sa mémoire fut rafraîchie du souvenir du passé, par les questions de Lucien, il réveilla dans son âme la haine endormie contre tout ce qui portait le nom de Courtenai ; et, demeuré seul, tout en paraissant faire son travail de chambre, il s'interrogea sur les moyens à prendre pour profiter de la circonstance, et pour faire payer cher au baron Éleuthère le juste châtiment qu'il en avait reçu.

Lomont, en conséquence, s'abandonna de son côté à une méditation non moins entière que celle dont Lucien venait de sortir; il envisagea sous tous les aspects la trame à ourdir, l'intrigue à conduire, et tout-à-coup, se redressant de toute sa hauteur et souriant en vrai fils de l'enfer, il frotta ses mains l'une contre l'autre, en disant :

Le baron de Courtenai se ressouviendra des coups de crosse de fusil dont il a frappé Jacques Lomont, en punition d'une plaisanterie.

Une plaisanterie ! l'infâme ! Un crime que la loi frappe de toute sa rigueur.

IV.

LE FILET TENDU.

Souvent l'art que l'on met à s'accuser soi-même nous procure les avantages de l'innocence.
PENSÉES MORALES.

Lucien ne chemina pas long-temps sans rencontrer des personnes de sa connaissance. Les amis de son père tenaient à être les siens, car on s'attendait généralement à la prochaine entrée du banquier Mathieu Saint-Olben dans le ministère; on savait à fond son amour de l'argent, l'inflexibilité de ses principes, quand il s'agissait de prendre sans rendre compte; son profond mépris pour toute vertu qui ne consentait pas à être soldée, et combien il était porté à renverser cette illusion de la souveraineté du peuple qu'on avait un si vif désir de dissiper avant qu'elle prît un corps et jetât de profondes racines.

Dès-lors, le fils d'un tel homme était bon *à aimer*; il avait ses admirateurs, ses séides choisis parmi la fine crême du juste-milieu, place où l'on rencontre ces sommités de bassesse, dont la vileté confond les anciens ventrus de M. de Villèle. Lucien, par un effet contraire, appréciait ces messieurs à leur juste valeur; aussi les méprisait-il à outrance; leur vue lui était odieuse, leurs protestations l'importunaient; il se débarrassa vite des salutations obséquieuses d'un député fameux par ses naïvetés ministérielles, d'un philosophe qui prend de toutes mains, d'un publiciste qui n'est lu que par les malheureux imprimeurs, et d'un journaliste qui, n'ayant plus d'âme à vendre, débite celle des autres, afin de ne pas perdre l'habitude de se déshonorer.

Cependant, avec quelque désir qu'il eût de poursuivre sa course sans se frotter à des hommes du pouvoir, il ne put se soustraire aux longs bras de monsieur M... de M... et à la voix glapissante du petit G..., qui, tous les deux, lui souhaitèrent une heureuse fortune digne de son mérite, et dont ils lui demandèrent leur part. Ces deux avides comptaient parmi les plus tenaces : aussi Lucien ne savait comment leur échapper, lorsque la bonne étoile amena vers lui trois jeunes hommes, vêtus avec des habits à grands revers, des gilets coupés sur le même modèle, et qui, quoique au milieu de l'hiver, avaient leur front couvert d'un feutre gris; la moustache à la lèvre supérieure, complétait le costume de rigueur; ils annonçaient des républicains, des scélérats, des monstres même, assez coupables pour n'avoir point passé dans la résistance, dès que MM. Guizot, Thiers et Dupin avaient eu leur part faite et leur gâteau cuit.

Les voir et prendre la fuite fut le mouvement naturel des ministériels de l'époque. Lucien alors embrassa vivement les survenans.

— O mes amis! leur dit-il avec joie, quel service vous m'avez rendu! je m'étouffais asphyxié par cette vapeur de doctrines que les sages répandent à l'entour; ils me prenaient pour mon père, et je suis loin de lui ressembler.

—C'est parce que tu ne tiens de lui que par la naissance que nous te plaçons dans notre cœur, dit Théophile, l'un des trois jeunes gens, dont la figure animée portait l'empreinte de l'enthousiasme et de l'irréflexion. Loin de nous les cœurs enivrés des grandeurs féodales; des honneurs de la cour et des succès de salon, nous sommes descendus dans la rue pour ne plus en sortir qu'après la victoire, où, morbleu! il ne nous faudra du repos que si nous pouvons le prendre sur les débris du trône renversé.

— Vive la république! dit Charles, le second ami; Charles, à la figure pâle, au corps grêle, et dont toute la vie paraissait s'être retirée dans ses yeux étincelans. Mais pour l'établir sur des bases solides, il faut non-seulement proclamer l'égalité, mais la mettre en pratique : tu es riche, Lucien, eh bien ! tu épouseras une grisette ! Je suis noble, moi, me dit-on ; cela m'obligera à prendre pour femme une prostituée.

— Quant à moi, ajouta le troisième jeune adolescent aux formes ravissantes, à la beauté sans pareille ; quant à moi, qui suis un enfant de l'amour..... une princesse me revient de droit : en connais-tu, Lucien ? en connais-tu quelques-unes, afin que je puisse choisir ?

Lucien, à cette question, dont le bel Adolphe n'appréciait point la portée, tressaillit involontairement ; il tâcha néanmoins de ne rien laisser à connaître de son trouble secret, et, prenant à son tour la parole, fit assaut de folie et de fanatisme avec ces enfans qui, purs dans leurs principes, ne voient point à l'avance tout le sang que leur triomphe ferait couler. On parla de la prochaine réussite du plan gigantesque conçu par leur imagination déréglée, impraticable dans sa mise en jeu, et auquel ils ne renoncent pas, bien que chaque tentative tende à prouver leur impuissance : il s'agissait seulement d'armer les ouvriers contre la garde nationale, de soulever les faubourgs, d'incendier quelques maisons, de piller certaines boutiques, non par malice ou par avidité, mais dans le but simple d'agir sur la masse ; et par les excès auxquels on la pousserait, de la rendre à jamais solidaire de tout ce qu'on entreprendrait à couvert de son secours. C'était chose stupéfiante que d'entendre ces quatre insensés parler avec une sorte de froideur, d'enthousiasme, de l'incendie de Paris, du choc des corps armés, et de la dévastation universelle. Nul d'entre eux ne comptait y gagner, mais il s'agissait des principes, et leur bouche de rose répétait en riant : *Périsse plutôt la France qu'un principe.*

Lucien les convia à venir conspirer secrètement en plein café; ils le suivirent, et, dans un aparté dont les *observateurs d'office*, en séance dans ce lieu, ne perdirent pas une syllabe, ils convinrent du dressement de la table de proscriptions, et, avec autant d'inflexibilité que de justice distributive, désignèrent les têtes qui tomberaient au jour de l'émeute, et les hôtels que pendant ce temps on livrerait aux flammes : celui du banquier Saint-Olben ne fut pas sauvé par son fils.

On poursuivait en vidant quelques bouteilles de porter délicieux, car il était détestable! lorsqu'un commissionnaire entra timidement, sa casquette à la main, et attendit en dedans de la porte qu'un garçon vînt à lui : tous les deux échangèrent quelques mots à voix basse; puis, le garçon du café, s'approchant de la table occupée par les quatre républicains, demanda lequel de ces messieurs s'appelait Lucien; on lui désigna le jeune Saint-Olben.

— Monsieur, lui dit-il, en montrant le commissionnaire, ce brave homme est chargé de vous avertir qu'une personne de votre connaissance vous attend dans le passage de l'Opéra qui va de la cour à la rue Grange-Batelière.

— Un rendez-vous! s'écrièrent les trois compagnons : est-ce d'affaire, est-ce de plaisir?

— Je l'ignore, répondit Lucien.

— Il faut y aller sans retard.

— Mais vous quitter...

— Nous nous retrouverons demain chez Alphonse.

Lucien, curieux de savoir par qui il était appelé, profita de l'assentiment de ses camarades, mit une pièce d'or dans les mains du garçon pour payer la dépense et la gratification d'usage, récompensa moins magnifiquement l'Auvergnat, ce qui a toujours lieu, car la vanité du prodigue n'est jamais descendante, et s'éloigna rapidement.

Le boulevard des Italiens est bientôt franchi lorsque l'on marche d'un pas rapide. Lucien traversa avec vitesse le passage du Baromètre, la cour de l'Opéra qui vient après, et atteignit l'escalier conduisant à un corridor entièrement obscur, et où l'on a de la peine à se guider lorsque le jour ne brille pas de toute sa clarté. Lucien, dès qu'il fut au bas du degré, porta ses regards dans l'épaisseur des ténèbres visibles, et distingua à l'autre extrémité, vers la rue Grange-Batelière, les formes d'une femme grande et svelte qui se dessinaient sur la lumière éclatante de la porte : cela ressemblait étonnamment à une vision, mais elle ne devait pas se rapporter aux sommités du ciel ou de la terre, car un simple bonnet couvrait la tête du gracieux fantôme, un bonnet rond sans fleurs, sans rubans... Bon Dieu! qui donc ce peut être?

C'était la question que Lucien s'adressait en approchant cette femme; d'ailleurs était-elle la personne qui l'avait appelé pour le savoir? Il franchit plus promptement encore la distance qui les séparait. La dame ou la demoiselle, entendant un bruit de pas précipités, se retourna si mal à propos que l'obscurité du corridor cacha les traits de sa figure à Lucien, qui arrivait enfin tandis que les siens étaient éclairés pleinement; il ne fut donc pas difficile à l'inconnue de voir qui s'approchait. Alors, prenant la parole :

— Est-ce à monsieur Saint-Olben fils que j'ai l'honneur de parler?

— A lui-même, madame, répondit-il : en quoi puis-je vous être agréable?

Il avait suffi à Lucien d'entendre parler l'inconnue pour que dans son esprit il lui rendît soudainement le rang que sa coiffure mesquine lui avait d'abord enlevé. Il y a dans le son de la voix, dans les inflexions qui sortent d'une bouche humaine, des dissonances que le cœur est habile à saisir; on ne peut confondre une femme dès qu'elle a parlé avec celles de son sexe qui ne partagent point sa position dans le monde, et mieux encore son éducation. La manière dont une phrase est accentuée révèle ce que déguise le costume et même le visage. On lit avec l'oreille, si l'on peut s'exprimer ainsi, beaucoup mieux qu'avec les yeux l'histoire d'une personne étrangère; son rang, ses sentimens, ses passions, se révèlent dans les tons variés de son gosier, et c'est la pierre de touche à laquelle nul déguisement ne peut échapper.

Lucien, d'après ce principe, savait déjà que cette personne était jeune et avait reçu quelque éducation, que son costume pouvait être un déguisement ou la nécessité d'une catastrophe, non que cette voix annonçât de l'ingénuité, mais elle certifiait d'autres avantages qu'on ne dédaigne pas dans la société. Le jeune Saint-Olben, malgré son républicanisme, charmé de n'être pas en présence d'une fille de rien, répondit avec politesse, impatient d'ouïr la réponse qui mettrait fin aux conjectures nombreuses qu'il formait tour à tour.

— Monsieur, lui fut-il dit avec une hésitation très-marquée, j'ai entendu parler de vous comme d'un homme d'honneur; votre père jouit d'un crédit immense, il doit même, dit-on, occuper une place importante, et j'ai imaginé, j'ai songé......... que vous ne me refuseriez pas de l'intéresser en ma faveur.

— Soyez persuadée, madame, du zèle et de l'empressement que je mettrai à vous servir si vous voulez me donner vos ordres; mais le lieu où nous sommes est-il bien convenable?.. n'en serait-il pas un autre où vous pourriez me recevoir?

— Je sens, en effet, que l'endroit est mal choisi; mais je suis seule, et vous admettre dans mon humble cellule...

— Ah! madame, flétririez-vous d'un soupçon celui que vous paraissez être prête à investir de votre confiance?

— J'ai tort, en effet, je le sens, je l'avoue; mais excusez une jeune personne sans parens, sans amis, qui doit se garder elle-même, car elle a tout perdu de ce qui dans le monde fait respecter les femmes de son âge : orpheline et ruinée!...

— C'est avoir plus de droits aux égards de ceux qui me ressemblent; soyez-en persuadée.

— Je n'en doute plus, monsieur; voilà sur cette carte mon nom, mon adresse. Je serai chez moi, aujourd'hui, à quatre heures. Excusez mon insistance, mais votre père peut me sauver du désespoir : c'est cette certitude qui m'a fourni le courage de vous prier de venir me joindre après que je vous ai eu apperçus, car je vous connais depuis long-temps, et je vous ai vu...

Elle s'arrêta. Lucien, avec sa galanterie d'une autre époque, ne la pria point de lui dire où il l'avait rencontrée, il se contenta de l'assurer qu'à quatre heures précises il serait chez elle, et lui offrit en même temps la main pour la conduire jusqu'à sa rue, qui était tout proche; mais l'inconnue, se dégageant sans efforts, recula d'un pas, et remerciant Lucien, lui dit que son désir était de sortir par le côté de l'Opéra, et, lui faisant une révérence, partit aussitôt.

Un homme du commun aurait suivi cette femme mystérieuse; Lucien agit autrement: il demeura immobile à la place où il était, jusqu'au moment qu'elle eut achevé de monter l'escalier du fond, et alors il se hâta d'aller vers la rue Grange-Batelière, et, à la clarté d'un beau brouillard, lut sur l'adresse remise en ses mains: *Mademoiselle Eugénine de Merseil, boulevard Saint-Martin, n°...*

De Merseil! Une fille de qualité tombée dans le malheur? une aventurière s'anoblissant afin de faire de meilleures dupes? une créature audacieuse, prenant sur son billet un nom et un titre qu'elle ne soutiendra pas dans son boudoir? Que voulait-elle à son père... une intrigue à nouer? un service à rendre? De la vertu dans l'abîme! Oh! non, cette personne pouvait être belle, elle avait été bien élevée, mais elle ne possédait plus cette innocence... Lucien, en ceci non plus, ne se trompait pas dans ses nouvelles conjectures. On lui avait répondu en femme usagée : il y avait là du manège, de la conduite, et pas l'abandon inconsidéré d'une jeune fille naïve que le besoin force à sortir de sa retenue ordinaire.

A quatre heures, tout cela s'expliquera, se dit Lucien ; à quatre heures, et nous sommes... Il regarda sa montre, elle marquait une heure et demie. Ainsi plus de deux siècles encore à attendre, à patienter, à souffrir; où aller, que devenir, comment se débarrasser de ces cent quarante-cinq monstrueuses minutes : essayons. Et le jeune homme s'orientant chercha les visites qu'il pourrait avoir à faire dans ce Marais, effrayant pour un habitué de la Chaussée-d'Antin, et où il ne s'enfonce qu'avec des précautions extraordinaires, dans la crainte de ne pouvoir en revenir à volonté.

Quelleque soit la lenteur du temps pour qui voudrait le consommer à sa fantaisie, il chemine néanmoins avec sa régularité accoutumée; il surprend le plus inattentif, celui qui cherche à le perdre, non moins que celui qui essaie de bien l'employer. Les aiguilles de la montre de Lucien atteignirent enfin les trois quarts de quatre heures, et lui permirent d'approcher de la maison désignée sur la carte qu'il n'avait cessé de rouler entre ses doigts.

C'était une de ces constructions modernes où l'on s'est appliqué à résoudre en combien de pieds, le moins possible, une créature humaine peut agir, respirer et se coucher; où l'on a calculé la place nécessaire à tant de meubles, où l'on supprime les commodités utiles pour les remplacer par l'élégance de la corniche et la fraîcheur des premiers papiers, où l'on qualifie chambres des cabinets étroits, et où l'on n'a ni de clarté dans l'escalier, ni d'air dans les trois quarts de l'appartement prétendu.

Mademoiselle Eugénine de Merseil occupait, au cinquième étage sur le derrière, une pièce dérobée à deux cellules voisines, et précédée par une antichambre, ayant environ une aune d'étendue en tous sens. Là, un rideau de mousseline blanche cachait un réduit servant à la fois de cuisine, de bûcher et d'alcove; la fenêtre unique était chargée d'une jardinière, alors sans fleurs à cause de la saison, et garnie d'une persienne peinte en gris; une draperie pareille au rideau achevait de l'envelopper, de manière à interdire aux voisins la facilité de contenter une curiosité indiscrète. Une petite commode, un petit secrétaire en marqueterie, un métier à broder, deux fauteuils de soie bleue, recouverts de fourreaux blancs, un trumeau de grandeur médiocre, quelques porcelaines de peu de valeur, et trois chaises, achevaient de compléter l'ameublement, auquel toutefois il fallait ajouter une guitare accrochée dans un coin, et deux gravures, *l'Absence* et *le Retour*; mais pas un livre, rien qui annonçât l'amour d'une occupation intellectuelle : on n'y songeait pas dans ce lieu, très-propre d'ailleurs; et en vérité, on s'en occupait encore moins lorsqu'une fois parvenu là on apercevait celle qu'on venait y chercher, et dont l'aspect dédommageait de la fatigue qu'il avait fallu prendre.

Mademoiselle de Merseil était grande, bien faite et jolie à charmer. C'était l'ensemble de tout ce qui séduit, enivre, entraîne, égare; car il y avait là plus que de la beauté. Qu'on se figure une de ces physionomies ravissantes, où la pureté du dessin virginal de Raphaël se réunit à la vivacité de la Bacchante désordonnée de Rubens; où la bouche est l'autel de la grâce modeste, et dont les yeux rayonnent des flammes étincelantes. Qu'on joigne à ces attraits une expression toujours variée, toujours sentie, une mobilité constante, peignant sur l'extérieur les sentimens vrais ou faux, tendres ou passionnés d'une âme impétueuse, et on aura une idée de ce qu'était cette personne si attirante, si dangereuse; car, aux séductions de la figure la mieux assemblée, de la taille la plus élégamment coupée, elle unissait toutes les armes que fournissent l'esprit et la réflexion. Quant à son caractère, on ne pouvait le définir, le deviner; il se composait de tant de parties diverses, de tant de contrastes, de fantaisies, de caprices, de bizarreries, d'idées extravagantes, de réflexions profondes, qu'on se perdait dans ce dédale moral. Peut-être s'expliquera-t-il plus facilement, et se développera-t-il d'une façon plus complète dans la suite de ce récit. On en a dit assez pour faire concevoir la surprise qui, au premier abord, s'empara du jeune homme, et qui ne fit qu'augmenter à mesure qu'il se lia avec cette femme extraordinaire.

Elle jouit de sa stupéfaction en personne qui s'y attend, elle avait préparé à l'avance cet effet par le choix savamment calculé du lieu de la première rencontre, assurée qu'elle n'y serait vue qu'imparfaitement. Elle tenait à piquer la curiosité, afin de parvenir plus tard à éveiller l'amour. Lucien, quand il arriva, la surprit à demi-vêtue, enveloppée dans un vaste peignoir blanc, qui n'affadissait point son coloris charmant. Des boucles de longs cheveux noirs, s'échappant de dessous un foulard des Indes barriolé de couleurs tranchantes et dures, tombaient de tous côtés sur des épaules qui paraissaient semblables à un vase d'albâtre, sur lequel des rayons de soleil réfléchissent les teintes adoucies d'un voile pourpre.

Elle se leva avec autant de lenteur que de grâce, et salua Lucien qui, ébloui, qui vivement ému, balbutia un compliment banal dans lequel il se perdit encore. Il accepta le fauteuil qui lui fut présenté en souriant, et se montra, non moins empressé d'entendre ce qu'on avait à lui demander, mais d'exprimer son admiration et son enthousiasme naissant. Mademoiselle de Merseil l'écouta d'abord en personne accoutumée à de pareils hommages, et puis prenant à son tour la parole :

— Monsieur, dit-elle, mon espérance est dans vos mains : je sors d'une famille noble, ruinée dès avant la révolution, et qui déjà, à cette époque, vivait de manière à déroger complètement. Mon père possédait un emploi modeste, qu'il abandonna pour se lancer dans la carrière des fournitures; il fit une fortune rapide, et la reperdit non moins vite peu avant ma naissance, et sous le règne de l'empereur. Il lui restait des reprises considérables à exercer contre le trésor; on ne voulut pas les admettre. Il fit les démarches nécessaires, la restauration en borna le succès : il mourut à la peine, et me laissa pleinement orpheline, ma mère l'ayant devancé au tombeau. Je sentis avec une douleur amère cette double perte, qui me plongea dans l'excès de la misère qui flétrit ma jeunesse, si elle ne put rien sur mes sentimens. Une rente faible et un travail opiniâtre fournirent à mes besoins. Je vis, ou, pour mieux dire, je végète; car est-ce vivre que de passer son existence au milieu des privations les plus dures, sans que rien en adoucisse l'âpreté? Il me reste une ressource, les créances de mon père sur l'état; je sais de quel crédit M. de Saint-Olben jouit auprès du président du conseil, et je crois que s'il voulait me soutenir de sa protection puissante, je tirerais tout ou partie de la justice de ce gouvernement réparateur.

La dernière partie de cette phrase finale fit presque sourire Lucien, bien que son cœur fût vivement ému du récit simple qui lui était fait. Il avait si souvent entendu dire que ce qui est bon à prendre est bon à garder, qu'il demeurait presque certain que le ministère formé par la révolution nouvelle agirait, à l'égard des prétentions de mademoiselle de Merseil, ainsi qu'avaient agi ceux de Napoléon, de Louis XVIII et de Charles X; mais l'intérêt dû à tant de beautés parlait trop haut à son âme, pour qu'il manifestât sa pensée. Déjà il se disait appelé à réparer par lui-même les torts du pouvoir envers cette personne si séduisante, et qui, s'exprimant avec tant de franchise, faisait l'aveu indirect des imprudences qu'un abandon total lui avait fait commettre. Il se hâta de répondre d'après ce qu'il ressentait, s'engageant par les promesses les plus fortes, les plus positives, à presser son père, afin qu'il se rendît, en cette circonstance, le solliciteur des intérêts des plus justes droits.

Les yeux d'Eugénine lui en promirent une haute récompense, et, en attendant, elle lui remit les titres, les documens, les comptes, les actes, qui établissaient la justice de ses réclamations. Lucien les prit, les examina, les classa par un numéro d'ordre, afin de ne pas les confondre, ou plutôt pour prolonger sa visite, et ne sortit de chez mademoiselle de Merseil qu'aux approches de la nuit, enthousiasmé de ses perfections, de son accueil, et ne voulant pas lire dans la vie précédente de cette aventurière, assez habile pour s'être refusée à jouer de prime-abord la vertu dans toutes ses sévérités.

— Que m'importe au fond ce qu'elle est

en réalité, se disait-il à lui-même en descendant le boulevart. Puis-je la servir? oui sans doute. Peut-elle me récompenser? je le crois. Moquons-nous du reste. Oh! qu'elle est belle, et que l'amour avec elle aura de douceurs et de chagrins.

Oui, des chagrins! il en fallait à ce jeune vieillard, dont l'âme usée avait besoin de stimulans qui rendissent de l'énergie à ses ressorts distendus. Or, une demoiselle du monde, conservant l'apparence de l'honnêteté, faisant du vice presque à couvert, était un appât appétissant qui charmait Lucien. Il songea, ce même soir, fort peu à sa cousine inconnue, qui l'avait tant occupé pendant la matinée, et beaucoup à la femme qui agissait à la fois, sur son esprit et sur son cœur.

La nuit néanmoins fut paisible; il dormit bien, rêva de la belle solliciteuse, aperçut dans un coin du firmament la noble Hélène, figure fantastique, se soutenant sur des ailes de colombe, et crut reconnaître, dans un lointain incommensurable, le démon l'épiant, et revêtu des traits de Lomont, son valet de chambre; mais ces objets variés et confus s'effacèrent à demi de sa mémoire; il ne se les rappela que très-imparfaitement à l'heure du réveil.

Son premier soin à ce moment fut d'appeler, avec l'aide de la dame Gigogne, en bronze émaillé, qui lui servait de sonnette, mons Lomont couché tout auprès. Celui-ci, accoutumé aux impatiences de son maître, accourut promptement, apportant avec lui les billets du matin, et les cartes des visites de la veille, qu'il n'avait pas remis le soir précédent.

— Jette tout cela dans le vase de bleu de Sèvres, d'où je ne les retirerai pas de sitôt, dit Lucien en bâillant. Qu'est-ce? toujours la même!! chose des invitations du beau monde et des demandes de mes ouvriers; peut-être les expressions désobligeantes d'un créancier fatigué d'attendre. Eh bien! il patientera, même pour une réponse, pendant quelques jours.

Lomont obéit, et puis revint à son maître, qui, reprenant la parole, en le regardant avec une sorte de gaîté à moitié forcée :

— Eh bien ! faquin, je ne l'épouserai pas ?

— Non, monsieur, ou, pour mieux dire, pas en présence de ses nobles parens.

— Tu poursuis ton assertion insolente.

— Je connais cette famille.

— Tu m'impatientes ; je gage qu'à la première demande de notre part, on nous dira, en nous faisant une belle révérence : Grand merci, messieurs et dame, voilà notre fille, elle est à vous.

—On vous dira : Monsieur, l'honneur que vous nous faites nous touche ; mais la princesse Hélène de Courtenai ne veut pas se marier, et quatre jours après, on la donnera au premier hobereau qui se présentera avec dix ou douze mille francs de rente.

—On ne se conduira pas ainsi... d'ailleurs, je m'en moque; car je suis amoureux fou.

— Vous, monsieur?

— Oui, moi.

— Et depuis quand?

— D'hier, à quatre heures.

— Voilà, dit Lomont, une passion dont l'antiquité est bien respectable.

— Tais-toi, et écoute; j'ai besoin de tes conseils et de ton zèle.

La suite, le lecteur la sait déjà.

V.

UN BANQUIER DE L'ÉPOQUE.

.....Bona pars hominum decepta cupidine cæcá,
Nil satis est; inquit, quia tanti quantùm habeas, sis.
HORACE, liv. I, sat. II.

La plupart
des hommes, entraînés
par une sotte ambition, prétendent
qu'on n'a jamais trop de biens, parce qu'on
ne vaut, disent-ils, qu'en proportion
de ce qu'on a.

Je crois avoir dit que l'hôtel de la famille Saint-Olben était d'une étendue immense : il y avait plusieurs cours et divers corps de logis indépendans les uns des autres, et dont celui consacré à la maison de commerce possédait une entrée particulière, ce qui l'isolait entièrement; ceux que leurs affaires y conduisaient traversaient d'abord un vaste péristile fermé par de hautes portes vitrées, pavé de marbre à carreaux rouges et bleus, et orné de deux statues, le Printemps et l'Automne; un Mercure et une Pallas auraient peut-être mieux convenu. Un poële énorme, d'où partaient de nombreux tuyaux de chaleur qui se répandaient aux divers étages, chauffaient ce vestibule, où s'arrêtaient les domestiques, les commissionnaires, et tous ceux qui n'allaient pas à la caisse ou chez Monsieur.

A droite, s'ouvrait une longue enfilade de bureaux ayant chacun sur la porte leur numéro et l'indication de leur spécialité : là s'occupaient parfois et circulaient plus souvent une foule de commis de tout âge, de tout genre; il y avait des travailleurs qui faisaient la besogne, et des désœuvrés reçus par calcul, afin d'avoir des prôneurs répandus dans un certain monde : on comptait parmi ceux-ci deux auteurs de vaudeville, un rédacteur d'un petit journal et un censeur secret d'un grand, trois musiciens et une demi-douzaine de demi-peintres, de fils de famille qui venaient apprendre l'art du Cambiste et l'agiotage.

Il y avait là un mouvement perpétuel, un silence rompu par des chuchotemens rapides, un échange de papiers, d'argent, de valeurs, de billets, qui ne cessaient pas. On y savait des bonnes nouvelles à répandre à la Bourse du jour, et les mauvaises que l'on gardait en réserve pour le lendemain. Mais au milieu de ce conflit d'action, de travail, de nonchalance et de paroles, s'élevait un sentiment caractéristique, sans partage et tout absolu, l'amour fanatique du patron. Celui-ci n'était pas un homme aux yeux de cette foule enthousiaste, mais une sorte de dieu perdu dans les nuages où on l'adorait. Il possédait le coup-d'œil de l'aigle, la prudence du serpent, la magnanimité du lion;

être universel, il n'avait d'égal ni pour les opérations financières, ni pour les industrielles; il primerait dans l'administration intérieure, à la guerre, aux affaires étrangères; enfin, n'importe en quel service on réclamerait son concours.

C'était le cantique de chaque jour, l'hymne sans fin entonné par des séraphins vulgaires, l'encens de bureaucratie qui fumait devant l'idole de la maison de banque. On ne peut assez le redire, car on ne le croira jamais assez, c'est que les hommes de l'époque actuelle, si injustes envers leurs devanciers, ont plus qu'eux l'orgueil personnel, le besoin de la louange, la faim et la soif des basses adulations; rongés d'une envie mesquine, faible et grêle, ils en font de la haine ne pouvant mieux l'accommoder. L'ancien régime leur était insupportable par cela seul qu'ils ne le dominaient point; et la chose est si vraie que, si aujourd'hui toute la haute noblesse devenue libérale obtenait les honneurs de la monarchie nouvelle, eux aussitôt deviendraient *arlequinquistes* : que sais-je encore? jésuites et carlistes enfin.

Chacun des humbles scribes, commis voyageurs, courtiers, agens d'affaires, hommes de peine, voire même les portefaix, qui mettaient le pied dans les bureaux du banquier, s'imprégnaient de ce *séidisme* vulgaire, enchérissaient sur ce précédent, si bien que dans la bonne et badaude ville, nombre de boutiquiers, de perdeurs de temps, et de plus hupés encore, commençaient à s'avouer entre eux que la France allait tomber dans l'abîme, si la forte main de M. Saint-Olben n'était appelée à la retenir au bord du précipice. Ainsi se formait une de ces mille opinions sottes et ridicules que les intrigans fomentent d'abord, dont ils s'emparent ensuite, et à l'aide desquelles ils portent des niais ou des furieux, également sans talent, au niveau des affaires. Mais déjà du comptoir et de la caisse elles avaient traversé le vestibule et monté l'escalier construit à la gauche du péristile, pour arriver chez le maître du logis, qui commençait à être convaincu de sa propre importance, et à se regarder d'hors et déjà comme le futur sauveur de la patrie, en attendant que celui qui la sauvait actuellement sans qu'elle s'en aperçût jugeât à propos de se retirer, au bruit des nombreux sifflets qui accompagneraient sa chute prochaine.

De grands candelabres de bronze, une Diane chasseresse de même métal, de beaux bas-reliefs encadrés dans des enroulemens d'albâtre sauvaient, par la richesse de leur ensemble, le mauvais goût qui avait présidé à la construction de l'escalier. On parvenait à une suite de salles somptueusement meublées, où l'or et l'argent, les matières précieuses, les porcelaines rares, les tableaux des premiers maîtres, les bois recherchés, les étoffes de soie, les tapis, en un mot, tout ce qui décore la demeure des heureux du jour était réuni, étalé, déployé, suspendu.

Là, l'œil ébloui de la vivacité des couleurs, de l'éclat des dorures, des iris flamboyés par les cristaux des lustres, de cet ensemble magnifique, ne savait où se reposer ni quel objet admirer en particulier; on avançait de surprise en surprise, et l'on arrivait enfin à un cabinet vaste où, par un calcul remarquable dans l'effet qu'il devait produire, la décoration magnifique du reste de l'appartement n'avait pas eu accès, du moins en apparence. Tout y paraissait simple, ordinaire, et point recherché ou prétentieux; la boiserie qui revêtait la muraille, peinte simplement en gris mat, avait, pour seul ornement, six tableaux de grandeur médiocre, mais dus au pinceau du Corrége, de Carlo Dolci, de Rubens, de Ténier, de Gérard Dow et de Claude Lorrain. Le bureau, en marqueterie, ayant appartenu à Beaumarchais, venait d'être acquis de rencontre, au prix modique de vingt-cinq mille francs; la cheminée, en porcelaine de vieux Sèvres, supportait un mouvement de pendule de Leroy enchâssé dans un morceau de labrador, supérieur à celui que posséda le marquis de Drée; deux flambeaux de lapis Lazuli, d'une seule pièce, et deux vases de prisme d'améthiste ornés de camés antiques d'une valeur inestimable. Le fauteuil du maître avait coûté mille écus, à cause de son mécanisme ingénieux; et les cinq chaises curules, si sévères dans leur forme, provenaient de la salle du conseil des directeurs de la république française, une, indivisible et impérissable. Enfin, les serres-papiers étaient des divinités égyptiennes en pierres précieuses, ou des figurines antiques et du seizième siècle dont le travail n'avait plus de prix.

Plusieurs peaux de léopards tenaient en hiver lieu de tapis; et en été, quand on les retirait, on voyait une mosaïque monocrone dessinée par Girodet et confectionnée par Belloni; c'étaient des arabesques gracieuses enlacées aux attributs du commerce, des figures fantastiques, mais d'un goût pur et qui rappelaient, sans trop de désavantage, celles si célèbres du Vatican. Rien, dans tout cet ensemble, n'éblouissait; mais le connaisseur estimait la valeur des *meubles simples* à une somme qui dépassait celle qu'avait dû coûter l'ameublement de toutes les autres pièces.

M. Saint-Olben, âgé d'environ cinquante-cinq ans, portait sur sa figure impassible quand aucune contradiction ne venait l'agiter, cette marque éclatante du profond égoïsme, cette haute opinion de soi-même si complète presque toujours dans ceux de sa profession ; il était le centre unique de ses travaux, de ses projets, de ses affections; sa famille ne venait qu'en second cercle passablement éloigné du premier. Quant à la patrie et au reste de l'humanité, le banquier ne les apercevait qu'à une distance si énorme qu'il les confondait avec l'immensité du chaos, ce qui néanmoins ne l'empêchait point d'en parler toujours avec une véritable effusion de cœur. Sa conversation, en dehors de chez lui, était concise, serrée; on voyait qu'il avait trop à penser pour avoir le temps de développer longuement sa pensée; il se montrait inattentif, réfléchi. Perdu dans les plus hautes spéculations de commerce et de politique, mystérieux, prudent, discret, il aimait, par un contraste naturel, à rencontrer des gens étourdis, causeurs, disant tout ce qu'ils savaient, de manière à pouvoir profiter de leur étourderie et de leurs confidences maladroites; il n'approuvait rien, frondait tout, ce qui était le moyen de se faire attribuer une capacité peu commune; et lorsqu'un téméraire, sans respect pour sa dignité gourmée, osait lui demander quels seraient ses plans, alors il se taisait, baissait les yeux et changeait de propos avec affectation, cherchant ainsi à punir le coupable assez hardi pour s'adresser à l'homme supérieur.

Il souscrivait à toutes les œuvres de bienfaisance dont les listes s'imprimaient; il donnait peu de la main à la main, car l'argent distribué de cette manière ne faisait pas de bruit, voulait qu'on observât chez lui une régularité extrême, tracassait doucement ses proches, ne parlait à ses gens que pour les commander avec rudesse, et, à part le mardi 27 juillet 1830, n'avait jamais paru dans ses bureaux aux heures où les commis y venaient. Il affichait des mœurs sévères, ne croyant pas sans doute y déroger par les visites fréquentes qu'il rendait à une jeune femme élégamment logée dans la rue des Vieilles-Tuileries, un peu loin de chez lui : c'était sa nièce, disait-on, dans la maison de la dame, mais cette nièce ne venait point chez lui, et en aucune circonstance le carrosse de madame Saint-Olben ne s'arrêtait à sa porte.

Le banquier, dévoré d'ambition non moins que tous ses confrères, soupirait de sa *vie oisive* ; il appelait ne rien faire les mille entreprises auxquelles il se livait ; il ne nommait travail que les occupations diplomatiques ou administratives ; il se disait malheureux, parce qu'il n'était consulté encore que dans le silence du cabinet par le roi-citoyen ; il prétendait avoir fait ce roi, et souvent, dans son erreur, le mot ingratitude échappait à sa bouche ; le ministère en pied n'avait point d'ennemi plus ardent, plus haineux, et par conséquent d'adulateur plus humblement servile ; il travaillait sans cesse à faire son éloge ou à tâcher de le renverser.

M. Saint-Olben était grand de taille et chargé d'embonpoint ; ses traits peu réguliers, et moins encore majestueux, n'étaient pas embellis par la couleur échauffée de son teint ; il avait les yeux gris, les cheveux presque blancs et chargés d'un nuage de poudre, le col court et épais, les mains à l'avenant, mais très-blanches : aussi en tirait-il vanité ; aimant à raconter que Bonaparte (il ne disait jamais *l'Empereur*) ne cessait de regarder ses mains lorsqu'il lui parlait, comme s'il les eût jalousées. Ce propos revenait souvent dans la conversation de M. Saint-Olben. Sa jambe, pleine et assez bien attachée, ne fut jamais cachée par le pantalon disgracieux ; elle se dessinait constamment sous un bas de soie blanc ou noir, selon les circonstances, et le banquier avait quelque vanité à faire admirer la forme de son mollet ; mais le diable se montrait en quelque chose, suivant la condition funeste qui lui est imposée, et le pied ! le pied de M. Saint-Olben, s'il ne présentait pas la fourche obligée, n'était guère mieux long, large et plat. Qu'il fallait de peine pour le dissimuler ! et que le paon de la Bourse éprouvait de douleurs chaque fois que l'œil d'un étranger se portait sur cette partie de son corps !

L'homme de banque et de gouvernement se levait de bonne heure par habitude et par étiquette, et se rendait dans son cabinet vêtu d'un pantalon de molleton ou de bazin, selon le cours de l'année, d'une robe de chambre de lampas à fleurs, ou d'un tissu de cachemires : là il recevait les agens de change ou d'affaires, les commerçans de la haute volée, les fonctionnaires publics, et quiconque portait un nom inscrit dans les fastes nobiliaires. Il avait une heure particulière et un autre lieu pour les audiences cachées qu'il accordait à certains personnanages de professions et rangs divers. Ceux-là, qui devinaient les fils cachés des machines qu'il faisait mouvoir, traitaient avec lui de par à compagnon, et sa grandeur gourmée devait ne point s'en indigner.

Le moment où la foule pouvait pénétrer jusqu'à lui arrivait, et déjà deux individus, devançant les plus empressés, causaient avec lui avec beaucoup de chaleur. L'un s'appelait M. Montfrais, avocat célèbre, grand travailleur, qui, avide d'argent et d'honneurs, s'était cassé le cou en courant à bride abattue sur la route de l'opinion publique, dont il n'avait su éviter les ornières. Traîné maintenant à la remorque par le pouvoir à son très-grand dommage, ne voulant pourtant marcher qu'à sa fantaisie, il succombait sous le désespoir de sa fausse position, qu'il avait dépendu de lui de rendre si brillante; il se rapprochait à ce moment du banquier Saint-Olben, dans l'espérance de composer un nouveau ministère où tous deux se placeraient.

Son camarade comptait parmi ces gens de la doctrine qui n'ont aucun plan fixe, aucune idée arrêtée, qui changent de système avec le gouvernement, qui ne parlent que dans le sens du ministère du moment, sans jamais rien dire de désagréable à celui qui vient de finir, et qui enfin ménagent par avance celui qui espère monter. Cet homme à tout vent sortait de la grande école : c'était un élève de MM. Guizot et Villemain. M. Thiers, chaque fois qu'il le voyait, ne manquait pas de lui dire avec une gaîté aimable :

Dignus est intrare
In nos ro docto corpore.

Sainville, fort de cette approbation, visait déjà à une direction en attendant un sous-ministère, et comme il pensait que Saint-Olben pourrait former un nouveau conseil, il lui apportait son hommage et son dévouement banal, se déclarant déjà, avec une dévotion profonde, *la chair de sa chair, et les os de ses os.*

Ces trois personnages convenaient d'un fait, celui que les choses ne pouvaient marcher encore long-temps avec l'impression présente, et qu'il serait nécessaire, dans l'intérêt de la France, de changer le système actuel, ce qui voulait dire : Hors nous trois, il n'y a pas de salut pour le vaisseau de l'État; assertion banale, parasite, que chacun répète, avec laquelle la masse imbécille se laisse prendre jusqu'à l'heure où de nouveaux pilotes mis à l'épreuve se montrent non moins inhabiles que leurs devanciers. Il fallait influencer l'esprit public : le doctrinaire proposa la création d'un journal dont il espérait la direction lucrative; l'avocat appuya, car il s'attendait à diriger au profit de sa réputation cette trompette neuve de la renommée, et le banquier, qui devait en faire les fonds, acquiesça à l'avis, après avoir calculé rapidement combien lui rapporteraient au jeu de la Bourse les faux bruits que la gazette à ses ordres propagerait à propos.

— Je me charge de vous procurer des rédacteurs, dit Sainville le doctrinaire.

— C'est un soin que je ne vous donnerai pas, dit le banquier; j'ai pour ami un littérateur très-distingué, peu connu, quoique ce soit un aigle; c'est Sorlerin, qui me dit toujours du bien de vous.

— Je l'en remercie; mais saura-t-il choisir? Les hommes de lettres ne sont à leur place que la plume à la main.

— Ne prenez-vous pas rang parmi eux, monsieur Sainville?

— Moi! monsieur, j'appartiens à la doctrine: c'est bien de la littérature si vous voulez, mais toute réglémentaire, abstractionnelle, rationnelle et philosophale; son intellectualité est tellement relevée, qu'elle échappe par sa tengente aux théorismes ordinaires de l'entendement humain.

A mesure que ce propos était prononcé, l'avocat Montfrais avançait la tête, et le banquier tendait l'une de ses oreilles, afin d'entendre bien, pour comprendre ce qu'on leur débitait avec une emphase si comique; mais ni l'un ni l'autre n'ayant pu en recueillir que des mots, le jurisconsulte, malin au fond de l'âme presqu'autant qu'un vieux juge, ne put s'empêcher de s'écrier quand Sainville eut fini :

—Et voilà justement pourquoi votre fille est muette!

Le doctrinaire, frappé au vif de l'épigramme à brûle-pourpoint, fronça le sourcil et mordit ses lèvres. Saint-Olben ne put retenir un sourire non moins offensant; il essaya de le déguiser en le prolongeant jusqu'à la bienveillance, et l'acheva, en effet, en disant à Sainville qu'il aurait la direction ministérielle du journal, et que Sorlerin ne serait chargé que de la polémique. Ce point débattu on passa à un autre, quel ministre on attaquerait principalement. Montfrais voulait que ce fût celui de la justice; Sainville mit en première ligne le chef de l'instruction publique; le banquier voyait le coupable dans le président du conseil et dans l'homme des finances, et, comme chacun tenait chaudement à son opinion, on décida qu'on les saperait en masse. C'était sans doute le meilleur parti, car, en les chassant tous à la fois, on laissait un plus grand nombre de portes ouvertes à l'ambition des amateurs.

Le colloque achevé et la séance close, Sainville partit, impatient qu'il était déjà de commencer la continuation de leur œuvre gazetière, et, dès qu'il fut sorti, l'avocat s'adressant au banquier:

—Que vous semble de la doctrine?
—Qu'elle est excellente pour la charade

et le logogriphe, et lorsque l'on veut parler sans qu'on puisse vous répondre; et on se laisse prendre à de pareils hameçons!

— Cela doit être : le siècle le plus prétentieux parmi tous ses frères est le moins habile, son ignorance passe toute idée; on a tant envie de se faire une réputation de science, qu'on n'oserait avouer qu'il est des choses qu'on ne comprend pas; les audacieux en profitent, ils disent des billevesées en style d'oracle, et la multitude applaudit comme si elle entendait. Mais, abandonnons le canapé furieusement agrandi, et laissez-moi vous entretenir d'une affaire personnelle que j'ai mission de traiter avec vous.

— Ah! mon cher, est-ce que vous devenez spéculateur financier?

— Non, pas encore, je m'en tiens à celles que ma robe autorise, celles-là sont plus productives et moins chanceuses; il s'agit d'un double mariage.

— Pour mes enfans?

—Oui, votre fils est déjà un homme et se lasse peut-être de n'être rien.

—N'est-il pas secrétaire d'ambassade?

—Il lui faut mieux, afin que de son côté il puisse vous soutenir avec avantage; il a besoin d'une fortune indépendante qui le rende esclave de l'intérêt public, et d'une femme charmante qui travaille de son côté à maintenir l'honneur de votre maison.

—Il paraît que vous en avez une propre à remplir ce double but?

—C'est mademoiselle Remerol.

—La fille de cet insigne fripon?

—La fille d'un citoyen actif qui compte par millions.

—Échappé aux galères.

—Et en bon pied dans le monde; sa table est excellente, ses bals divins; il achète des tableaux, des statues, solde des gens d'esprit, va partout, à la cour, avec nombre d'autres; on peut critiquer sa manière d'opérer; mais comme aucun arrêt rendu en police correctionnelle ou en Cour d'assises ne l'a condamné encore, c'est un homme comme vous et moi.

—Bien obligé, monsieur, du rapprochement.

— En quoi vous blesse-t-il? sommes-nous les maîtres de notre réputation? ne dépend-elle pas toujours de nos ennemis, du premier polisson qui veut la détruire? la calomnie passe pour de la vérité, en attendant que de la vérité on fasse une calomnie. Que n'a-t-on pas dit, écrit, gravé et chanté contre moi, l'ai-je mérité? non sans doute; eh bien! qui vous prouve les voleries de Remerol? rien de certain, des allégations, des demi-mots, et vous, on vous accuse....

— Assez, assez, monsieur, répliqua le banquier avec vivacité; je suis peu curieux d'ouïr les infamies que la méchanceté sans pudeur invente pour me perdre; nous sommes dans un temps où il y a peu de robes blanches qui n'aient des taches de boue, et soi-même on ne se salit pas toujours.

—A la bonne heure, voilà parler en sage,

en philosophe qui voit les choses comme on doit les envisager, et partant, vos objections contre Remerol ne naîtront plus des enjolivures dont les envieux ou ceux que sa fortune a écrasés, se sont complus à orner la réputation : m'autorisez-vous à la lui faire espérer?

— Je ne sais..... il est si cruellement honni..... Que donne-t-il à sa fille ?

— Ses domaines de Flandre, ses herbages de Normandie, et trois millions comptant.

— Je sais bien que la malice de la jalousie ne respecte rien.

— Et à qui s'attaquerait-elle si elle respectait un père de famille en position de donner une telle dot à son enfant? Que répondrai-je à celui-là?

— Que je le prie à dîner pour le jour qu'il voudra avec vous ; sans façon, nous causerons ensemble... S'il pouvait obtenir quelque distinction du gouvernement, une savonnette à vilain de l'époque actuelle.

— Par exemple, la pairie viagère, dit l'avocat, toujours emporté par son penchant à l'épigramme.

— Allons, mon cher, pas de plaisanteries; nous devons tâcher de maintenir ce que nous avons eu tant de peine à dresser, et pour ma fille...

— Ici je ne crains pas vos exclamations méprisantes; je vous présente un homme d'un âge mûr, un digne colonel fidèle à toutes épreuves au gouvernement en pied, qu'il n'abandonne pas le premier au jour de sa chute, mais qui n'attend pas le troisième soleil pour jurer dévoûment au nouveau souverain.

— Et il fait bien, le mérite consiste à venir à propos : ouvrir la marche, nous met trop en évidence; la fermer ne donne aucun droit.

— C'est presque un homme de qualité, car il a obtenu un titre, et il s'est fait faire une généalogie. Il jouit de quarante mille fr. de rentes, sait que votre fille lui en apportera cent mille le jour du contrat : aussi ne tarit-il pas dans son admiration pour elle; il aurait dû naître banquier.

— Ou avocat.

— Ma foi, sur ce fait, messieurs les militaires nous valent : oh! comme ces barres de fer à l'armée deviennent au château des roseaux flexibles, et des éponges prêtes à se remplir ailleurs.

— L'âge actuel ne voit que le solide; il a raison.

— Et la gloire?

— On l'achète de ceux qui la vendent.

— Et l'estime?

— Mon ami, on ne peut tout avoir.

Ici la conversation fut interrompue par le bruit que fit une porte secrète, que l'on ouvrit brusquement.

VI.

LE FOND DU CŒUR.

*Quelque découverte
que l'on fasse dans le pays de l'amour-propre,
il y a encore bien des terres inconnues.*
La Rochefoucault.

Lucien entra dans le cabinet de son père; il le salua, ainsi que monsieur Montfrais: celui-ci, lui rendant sa révérence, dit un mot à voix basse au banquier, et se retira aussitôt. Dès que le père et le fils furent seuls, le premier dit au second:

— Je vous ai dit cent fois que je voulais

être prévenu de vos apparitions par un message ; je suis ici toujours en affaire ; y arriver selon votre fantaisie me dérange souvent, et aujourd'hui par exemple.

— J'en suis désespéré, répliqua Lucien en embrassant sans façon M. Saint-Olben, et j'aurais voulu ne venir vous voir qu'à une heure opportune ; mais, mon excellent père, dussiez-vous m'accabler de votre colère, il me sera impossible de voir en ce cabinet un sanctuaire dont je ne puisse approcher qu'avec précaution, d'autant qu'en forme de représaille il vous reste le droit incontestable de me mettre à la porte sans cérémonie si la fantaisie vous en prend. Or, en cette position respective, laisez-moi la facilité de l'invasion, sauf à ne pas consentir, et à n'avoir pas recours seulement aux notes diplomatiques pour me contraindre à évacuer promptement.

La gaîté du propos désarma le banquier, à qui d'ailleurs plaisait une épigramme contre le ministère, dont il ne faisait point partie.

Il sourit; son fils l'embrassa de nouveau, et la paix fut établie sans besoin d'un trente-cinquième protocole.

— Qu'avez-vous à réclamer, de mon cœur ou de ma bourse? ou plutôt de l'un et de l'autre à la fois, selon votre constant usage?

— A vous entendre, repartit Lucien, on croirait que je suis accoutumé à faire des spéculations d'industrie avec une mise de fonds en sentiment. Je laisse aux docteurs de la couronne cette manière de conclure les affaires de leurs commettans, et sépare ces deux chefs, que je rougirais trop de confondre dans le seul avantage de mon intérêt particulier.

— Je crains, Lucien, que vous ne passiez dans le mouvement.

— Je suis républicain, mon père.

— Que Dieu vous en préserve ; soyez carliste plutôt. Un républicain est l'ennemi des rois ; un carliste ne l'est que d'un homme : et si une mort naturelle arrivait à propos, les carlistes deviendraient nôtres. C'est un fait important que je livre à vos réflexions ; mais vous avez à me dire quelque chose de majeur. Je vous vois préoccupé, et cette liasse de papiers... Vos dettes montent-elles bien haut ?

— Le sais-je ? mon père ; je vis en anachorète ; je ne dépense rien, vu la modicité de mes revenus, et pourtant je m'abîme.

— Et vous avez de pension ?...

— Une misère.

— Trente mille francs ?

— Qu'est-ce par le temps qui court ?

— Et le prince royal n'en a que quinze mille.

— Les chambres y joindront un petit supplément : un ou deux millions.

— Cela ne vous regarde pas.

— C'est vrai, du moins encore ; mais que je grandisse, et je travaillerai à ce qu'il ne lui en faille pas tant.

— Écoutez, mon fils, dit alors le banquier du ton le plus grave, il est un point sur lequel je ne vous permettrai ni la plaisanterie, ni la fronde; le fait du budget de l'État. Où serions-nous réduits, si les économies les plus sottes s'établissaient impertinemment ! L'État doit répandre l'or à pleines mains sur vous, sur moi, sur les nôtres. Le peuple souverain est là pour remplir le coffre.

— Le tonneau des Danaïdes, mon père !

— Lucien, ignorez-vous que les citations mythologiques sont du plus mauvais goût ? et vous qui êtes romantique...

— Ne feriez-vous pas comme l'État? demanda en riant le jeune homme; il est si beau de prêcher d'exemple !

— Vampire de ma caisse, s'écria le banquier avec non moins de bonne humeur, car la gaîté de son fils lui plaisait en ce moment, prenez ces billets et sauvez-vous !

Lucien baisa la main qui lui présentait quelque dix ou douze mille francs; et puis, prenant à son tour une mine sérieuse, il dit :

— Tout étourdi que je vous semble, je ne néglige point les affaires autant que vous pourriez le craindre. Voici de quoi vous convaincre que mon temps n'est pas toujours perdu.

— Qu'est-ce donc ?

— Il s'agit d'une créance arriérée : elle s'élève à deux cent mille francs, et la personne à qui elle appartient m'en abandonne la moitié si je peux tirer des griffes du trésor la somme entière.

— C'est bien, très-bien; et vous, mon fils, vous valez plus que je ne pouvais croire. Laissez-moi ce dossier, je l'examinerai; et si un coup d'épaule est nécessaire, je sais par qui je le ferai donner.

— Je vous entends, monsieur, et en haut lieu on est convaincu de la vérité du proverbe : *les petits ruisseaux forment les grandes rivières*. Je ferai un gros sacrifice sur ma part.

— Quelle folie! cette part est sacrée. S'il y a perte, elle doit être à la charge du propriétaire; agir autrement vous ferait sifler à la Bourse et ailleurs.

Ici M. Saint-Olben, rentrant dans son caractère mercantile, décrivit à son fils comment un faiseur d'affaires devait s'y prendre pour attirer à lui la presque totalité de la somme exposée, et se laissa aller longuement à traiter une matière si à sa portée.

Lucien, charmé par le détour dont il s'était servi, d'avoir intéressé son père à la cause de mademoiselle de Merseil, sacrifia sans impatience le rendez-vous républicain donné la veille pour cette présente matinée.

Cependant le banquier ne finissait point, le temps s'écoulait, et on ne pouvait prévoir le terme de cette instruction paternelle, lorsque la porte intérieure fut ouverte une seconde fois. L'exclamation d'impatience que ce mouvement arracha au banquier ne fut pas achevée; il avait reconnu madame Saint-Olben. Ses traits aussitôt se montèrent à une satisfaction apparente, et ce fut avec le sourire sur les lèvres qu'il s'avança d'elle, en lui souhaitant le bonjour et en s'informant comment elle avait passé la nuit.

—Mal ainsi qu'à l'ordinaire, très-mal. Qui est-ce qui dort maintenant? où est le sommeil? chez les prolétaires, chez ceux qui n'ont rien à perdre? car des personnes de notre sorte, sont si malheureuses, si tourmentées... Lucien, votre sœur voudrait aller voir son amie, la fille du duc de Mercour; je ne peux l'y conduire; votre bras lui devient nécessaire. Adieu, mon enfant, embrassez votre père, et partez.

C'était un congé donné en bonne forme et sans appel, car si M. Saint-Olben gouvernait en maître le département extérieur de sa maison, le portefeuille de l'intérieur demeurait, depuis longues années, dans les mains de sa femme, qui n'avait jamais souffert ni adjoint, ni intérim.

Le banquier ne douta pas qu'à la suite de cette entrée une conversation importante n'eût lieu entre lui et sa chère moitié;

il attendit en silence la retraite de leur fils et que la dame s'expliquât; elle s'y prépara en s'asseyant sur l'un des fauteuils directoriaux que son mari alla lui chercher avec autant d'empressement que de galanterie, et, après s'être recueillie :

— Monsieur, dit-elle, je viens à vous fort embarrassée, très-intriguée, vous consulter et vous faire part de ce que j'ai décidé.

— Dans ce cas, je vous demanderai à quoi mon avis peut vous être nécessaire.

—Bon Dieu, monsieur, point de badinage s'il vous plaît, il n'est nullement question ici de ces opérations qui vont d'elles-mêmes, de ces groupemens de chiffres auxquels on fait dire ce que l'on veut, mais d'une très-difficile, grave.... de notre bal enfin.

— Ah !... je croyais.... je craignais....

—Que j'étais venue effrayée d'une montagne en travail d'une souris, bien obligé de cette pensée. Les miennes sont plus hautes : cette soirée brise ma tête, et j'aurai grand'peine à m'en tirer à notre honneur; c'est un abîme, un chaos...

— Vous me faites peur, madame, un bal ne m'a jamais inspiré que des idées riantes, la musique, l'illumination, les parures radieuses, des fleurs, des cristaux, du vermeil...

— Oui, le positif, la partie matérielle, mais celle de l'âme, l'intellectuelle?

— De la doctrine, madame, à propos de violons.

— De la doctrine, non, mais de la politique, de la diplomatie.

— Tout cela dans un bal.

— Et pourquoi non? est-ce pour s'amuser, pour rire à l'égal de la canaille, que nous réunirons l'élite de Paris? ce ne peut être votre pensée, ce n'est pas la mienne, elle est trop supérieure; je veux que notre illustration, notre rang dans le monde soit fixé décidément, à la suite de cette soirée, et pour en jeter les bases solides, qu'il m'a fallu de temps et de combinaisons profondes!!

M. Saint-Olben s'imagina que sa femme

rêvait, quand elle lui tenait ce langage, mais, trop prudent pour le lui faire connaître, il se contenta de la prier de s'expliquer mieux.

— Pour satisfaire à votre désir, lui fut-il répondu, je poserai d'abord des propositions générales : il faut de la foule, n'est-ce pas?

Le banquier inclina la tête en signe d'acquiescement.

— Il est encore vrai, que plus la foule est bien composée, les maîtres de la maison en obtiennent un accroissement d'importance.

Même signe, de la part de l'époux.

— Or, ceci décidé, il convient, sans doute, de faire tous les efforts possibles pour ne remplir ses salons que de hautes notabilités.

— Qui ne dansent pas madame?

— Que m'importe, pourvu qu'on les y voie, sautera qui voudra. Or, il y a maintenant deux sortes de notabilités, celles d'autrefois, et celles de l'époque présente; je ne sais pourquoi les premières ne peuvent souffrir les secondes, ou plutôt, je le sais trop bien, elles ne peuvent nous pardonner notre triomphe, nos opinions libérales, notre juste haine de la féodalité, notre fortune, nos équipages, nos gens, nos dîners; l'envie les ronge, elles nous haïssent, nous méprisent, nous persiflent, et certes sans motifs : n'est-ce pas elles dont l'orgueil est insupportable à la France moderne, elles qui vivent dans l'ignorance de l'ancien régime, qui perpétuent les mœurs de l'ancienne régence, et dont on devrait écraser les prétentions, en les séparant d'elles à perpétuité, et avec éclat....

— D'après votre manière de penser, touchant ces notabilités arrogantes, dit le banquier, en interrompant sa femme, il paraît que vous prendrez l'initiative en les excluant de votre salon...

— Voilà une conclusion bien précipitée, répliqua aigrement madame Saint-Olben en enlevant, à son tour, la parole à l'interlocuteur; dépend-il de moi seule, de décider cette haute question? d'élever ce mur d'airain? non, sans doute; je me séparerais seule de la bonne compagnie, et mes amies intimes riraient trop à mes dépens : d'ailleurs le préjugé règne, ces gens de qualité ont un agrément, des manières... On en raffole; leur commerce est si sûr, si gracieux.

— Hé bien, madame, où voulez-vous en venir?

— A vous faire concevoir mon irrésolution, mon tourment, mon embarras : je vous le répète, ma position est très-pénible, je suis placée entre des personnes de mon bord, de ma société particulière, à cause de leurs maris, car leur éducation est si différente de la mienne, et celles de la haute noblesse qui, bien disposées à vivre avec moi, ne veulent pas de mélange et aujourd'hui, moins que jamais; comment donner, sans celles-ci, une fête brillante, quels noms sonores, à part les leurs, à jeter à la curiosité avide du public : qui était chez madame Saint-Olben? Madame L... la marchande de café, madame P... *la banquière*, M. C... le carossier... Voilà, en effet, des personnages bien propres à remplir avec distinction une salle de bal. Enfin, monsieur, il faut en convenir tout bas entre nous, sans les gens de qualité point de salut et d'agrémens.

— C'est possible, madame; mais cependant nous ne faisons pas avec eux des affaires: les commerçans, les agens de change et mes confrères, ne sont pas à dédaigner; et puisque vous comprenez si bien l'arrogance du faubourg Saint-Germain, je vois que vous vous déciderez à borner vos invitations aux nôtres.

— Vous êtes dans une grande erreur, repartit avec sècheresse madame Saint-Olben; je me suis arrêtée au contraire à n'appeler en majorité que la bonne compagnie, et je viens m'entendre avec vous pour convenir quels seront les élus parmi *les nôtres*, comme il vous plaît d'appeler ceux que nous fréquentons par nécessité.

M. Saint-Olben, malgré la connaissance qu'il avait du caractère de sa femme, ne put retenir ici l'exclamation de surprise qui lui échappa, lorsqu'il entendit prononcer la proscription en masse de ses pairs au profit d'une caste qui certes ne lui en aurait aucune obligation.

— Eh madame, dit-il, est-il possible que, vu l'ordre actuel des choses, et lorsque notre monarque appelle à la cour, à sa table, à ses cercles, nos industriels les plus minimes, les braves boutiquiers au détail, vous choisissiez cette époque pour faire maison nette des sommités du commerce, de la finance et de la bourgeoisie ; c'est trop affronter l'opinion publique...

— C'est la respecter, monsieur, a-t-elle franchement applaudi à ces amalgames ridicules, à ces macédoines qu'on se permet en certain lieu, non pas davantage à cela qu'aux serremens de mains avec la canaille, et qu'à la tisane de réglisse bue en plein air.

— Le coco est pourtant bien citoyen.

— Pour vous, monsieur ; et il me ferait mourir. Je savais à l'avance votre faiblesse, et j'ai cherché à la ménager. Le vicomte d'Urtal, notre ancien et excellent ami, s'est mis en route : il a essayé d'amener le noble faubourg à composition ; le succès n'a pas couronné ses efforts ; nous devons néanmoins nous en glorifier.

— Et en quoi, s'il vous plaît?

— Parce qu'on nous excepte de l'inimitié générale. On veut bien venir chez nous, mais pour nous seuls ; cela flatte un amour-propre légitime, et en retour de cette gracieuseté il faut nettoyer notre salon des grandeurs roturières dont celles-là ne veulent pas. D'ailleurs, monsieur, ajouta la dame avec encore plus de solennité, je tiens à ce que la famille des princes de Courtenai nous trouve faufilés avec la meilleure compagnie de Paris.

— Oh! pour le coup, répondit le banquier, que nous importe cette pauvre famille ; elle végète dans sa Bourgogne, songeant sans doute plus à nous que nous à elle : votre sœur est morte.

— La princesse notre nièce existe, et avant peu elle sera ici, non seule, mais avec son frère, sa grand'mère et le comte de Lombel son oncle.

— Quoi! tout ce monde chez moi ?

Un regard sévère de madame Saint-Olben apprit au banquier combien elle trouvait coupable l'emploi du pronom personnel ; aussi reprenant :

— Chez vous, chez nous, madame ; et qui les y amène, qui leur a dit d'y venir ?

— Moi, monsieur, fut-il dit à la manière de Médée, moi, et je me flatte que vous ne m'en contesterez pas le droit.

— Non, assurément, madame ; je suis même heureux, enchanté que cette famille illustre... auguste...

— Rassurez-vous, monsieur, nous ne la possèderons pas toute entière ; ma nièce seule accepte un logement chez nous ; le reste de ses parens va demeurer chez une de leurs amies, madame d'Aubeterre : ils ne nous incommoderont pas, comme vous paraissez le croire.

Le banquier tâcha de s'excuser : i n'était

pas si coupable que sa femme pouvait le croire, car lui aussi éprouvait un certain orgueil à prendre le titre d'oncle d'une demoiselle de Courtenai. Il finit par s'expliquer si clairement sur ce point, que madame Saint-Olben, revenue de sa mauvaise humeur, lui dit gracieusement :

— Vous êtes le meilleur des hommes, et surtout vous voyez les choses du bon côté; n'a pas qui veut une alliance avec la famille royale, et puisque nous possédons ce bonheur, il convient d'en profiter dans toute son étendue.

— Auriez-vous le désir d'aller au château sous les auspices de votre nièce?

— Je ne marcherai jamais à la suite de qui que ce soit; mais il me serait doux que mon fils devînt parent de la branche aînée et de la branche cadette à la fois.

— Notre fils! et de quelle manière, s'il vous plait? Je ne me flatte pas, je l'avoue, que, malgré tant de preuves fournies d'amour de l'égalité et de désir manifesté de fusion, je puisse obtenir pour Lucien une des filles...

— Allons, monsieur, cessez de plaisanter, je parle sérieusement ; je vous le proteste : nous n'avons pas besoin de concevoir des prétentions folles, lorsqu'il nous est si facile de parvenir à une illustration qui fera du bruit dans la Chaussée-d'Antin, en faisant mourir de dépit et d'envie les femmes dont je suis aimée le mieux ; me comprenez-vous ?

— Non, ma chère amie ; mais j'ai fort à cœur que vous m'expliquiez cette énigme.

— Eh bien ! je vous apprendrai que, pour couronner la splendeur de notre fortune, je donne, avec votre consentement toutefois (le banquier salua, touché de cette condescendance); la princesse de Courtenai en mariage à notre fils.

— Oh ! pour le coup, s'écria M. Saint-Olben, en tressaillant sur son fauteuil, ceci est trop fort, madame ; mon fils, l'héritier d'une immense maison de banque épouserait une fille sans biens, une campagnarde...

— Ma nièce, s'il vous plait, et par-dessus encore une demoiselle de Courtenai.

— Sans dot.

— Et les empereurs de Constantinople?

— Le Grand-Turc ne fournira pas la corbeille.

— Je demeure confondue de votre lésinerie, de votre impolitesse.

— D'ailleurs, reprit le banquier, en baissant la voix, votre projet vient trop tard; j'ai déjà pris des engagemens pour Lucien, et sa future est arrêtée.

— Assez, assez, dit madame Saint-Olben, dont la colère étouffait la voix, je ne pourrais supporter la violence du coup qui me frappe; assez, monsieur, j'étais loin de m'attendre à cette indignité... Est-ce possible! mon fils est vendu et livré sans mon avis, sans mon consentement : votre abominable tyrannie m'écrase de tout son poids. Oh! cher enfant, oh! malheureuse mère... Ne vous flattez pas, poursuivit-elle, en élevant la voix, que je laisse consommer cet attentat contre mes droits, contre mon autorité légitime. Lucien est à moi, seule je règlerai son sort à venir.

Le banquier, consterné de cette véhémence sentimentale, n'avait en ce moment qu'une pensée dominante, celle de garantir sa coiffure et ses yeux des conséquences de l'attaque nerveuse qui se préparait. Il connaissait sa chère femme, et savait qu'elle ne lui portait pas le respect que manifestait pour lui le reste de la maison ; il se taisait, craignant, par un seul mot mal placé, d'ajouter à la véhémence de la tempête, espérant la calmer par son silence, et déterminé à ne pas céder sur le fait du mariage de leur fils. Son impassibilité apparente augmenta l'exaspération d'une femme accoutumée à l'emporter de vive force, et qui, ne sachant comment contraindre son époux à s'expliquer, lui dit, après une interruption nécessitée par le besoin de reprendre haleine :

— Je présume, monsieur, que vous daignerez communiquer à votre humble et trèsobéissante servante le nom de la personne que vous destinez à votre fils.

La question était raisonnable et partant plus embarrassante, comment avouer que la brue acceptée appartenait à un homme dont les richesses prodigieuses ne couvraient pas la mauvaise réputation; comment opposer le nom de Remérol à celui de Courtenai. Le banquier appréciait la dissonnance prête à résulter de ces deux noms mis en contact, il fallait cependant prendre un parti, répondre; il le fit enfin, et avec des phrases préparatoires, il acheva son aveu non sans redouter les conséquences qu'il pouvait avoir.

Madame Saint-Olben écouta presque tranquillement, il est vrai que le mouvement de ses épaules et la malice d'un sourire dédaigneux, lui aidèrent à protester contre une alliance que, peu de jours auparavant, elle aurait accueillie avec transport, et que maintenant elle repoussait avec un mépris comique. Elle attendit la fin de la période arrondie de son époux et sans entamer l'éclat qu'il redoutait.

— Et vous avez donné votre parole, demanda-t-elle.

— Oui, répondit-il en hésitant, car en ceci il faussait la vérité.

— Je vous suis obligée d'avoir eu cette occasion d'oublier mon existence.

— Pouvais-je imaginer que vous refuseriez d'aussi grands avantages; réfléchissez-y bien, ma chère amie, six cent mille francs de rente en domaine et trois millions en espèces de poids.

— C'est beau, très-beau; assurément je ne suis pas assez insensée pour nier que c'est là une dot superbe, mais enfin c'est un surcroît de fortune pour nous et pas davantage, il s'agit seulement en ce moment de décider si mon fils, au lieu d'avoir un jour douze cent mille francs de rente au moins, aura deux millions, et dans ces deux sommes, je plains celui que la moindre ne peut contenter: vous ne pouvez ajouter à cette ligne de chiffres la beauté de la jeune fille qui n'en a guère, et il vous faudra par justice et par nécessité, jeter dans le bassin opposé de la balance, le pere Remérol, sa vie passée et ce qu'il est capable de faire dans l'avenir.

— Il pense bien aujourd'hui.

— Et demain, comment agira-t-il, je vous le demande.

— On le reçoit à la cour.

— Il a de l'argent, où n'entre-t-on pas avec aujourd'hui.

Madame Saint-Olben s'arrêta et son mari ne prit point la parole, tous les deux se mirent à réfléchir, elle enfin poursuivant :

— Nous possédons tout, dit-elle, de ce qui assure une existence brillante, une seule chose nous manque pour couronner l'œuvre, *la naissance*, des monts d'or ne nous la donneraient pas, il est possible à nous d'en gratifier nos petits-enfans, voyez : Lucien uni à la princesse de Courtenai est en droit dès-lors de prendre le deuil à la mort de chaque tête couronnée; ses parens ne seront désormais que parmi les premières familles du royaume, sa maison se confondra avec la leur; ah! si vous appréciiez comme moi la splendeur de cette alliance...

La maîtresse du logis, en achevant, jeta sur son mari un regard inquiet; mais elle ne tarda pas à se rassurer lorsqu'elle eut reconnu sur les traits du banquier, ordinairement peu expressifs, le combat que s'y livraient l'orgueil de l'homme d'État et l'avidité de l'homme de commerce : ces deux passions également fortes et actives, luttaient opiniâtrement et ni l'une ni l'autre n'étaient prêtes à céder. Madame Saint-Olben, en femme habile, comprit qu'il fallait laisser à son mari le temps de réfléchir, et prenant le parti de se retirer sans plus insister :

— Monsieur, lui dit-elle, nous sommes à une époque de fusion, et votre bru prise parmi la plus haute noblesse, décidera le gouvernement à vous confier un ministère et peut-être même la présidence du conseil.

VII.

UNE FAMILLE D'AUTREFOIS.

Lorsqu'on a les vertus que vous faites paraître,
On est du sang des dieux, ou digne au moins d'en être.
CRÉBILLON, *Électre*, act. III, sc. I.

Auprès d'Auxerre, à l'extrémité d'une petite ville, s'élève une demeure antique, reste d'un château gigantesque, dont les possesseurs dominèrent jadis la contrée. Les hautes murailles, défense de ce lieu, se sont écroulées en partie dans les fossés qu'elles ont comblés; le pont-levis a disparu, et les sentinelles qui veillaient à son approche sont depuis long-temps endormies pour toujours dans le champ du repos qui s'étend tout proche. D'immenses ruines, que le voyageur admire en passant, couvrent encore un vaste espace de terrain, et font connaître quelle était la magnificence des sires anciens de Courtenai. Là, on retrouve dans leur légèreté élégante les arcs en ogive découpés en dentelles de pierre, chargés de saints sculptés et de figures mystérieuses; l'œil pénètre sous des voûtes sombres, égayées par un rayon de soleil qui perce au travers de larges crevasses, et décorées par un lierre grimpant ou par une vigne sauvage aux grappes vertes et aigrelettes.

Ici s'élève, comme une forte lance de géant poussée contre le ciel, un tourrillon frêle, menu, et qui semble combattre avec peine la violence des vents du nord : on croirait parfois le voir se balancer, à tel point sa forme est grêle. Plus loin, une Babel carrée, dernière ressource de la garnison et du fier comte, intercepte, par sa masse énorme, la clarté du jour aux lieux environnans; ses flancs déchirés portent l'empreinte et des têtes de béliers de fer qui les ont heurtés, et des globes d'airain que lancèrent les premiers *engeins* français.

Il y a à la suite une longue succession de salles, de galeries, de corridors, d'escaliers moitié renversés, moitié existant encore, d'où nul être humain n'approche qu'en tremblant, le jour, par crainte de la chute inopinée de quelques parties de l'édifice; la nuit, à cause des esprits qui nécessairement doivent s'y promener : ils y viennent, le fait est sûr, car plus d'un villageois les a vus à minuit glisser sur les murs, descendre du haut des tours en se suspendant aux ornemens de l'architecture, s'abattre dans le grand vestibule, et s'enfoncer dans les souterrains où ils disparaissent, ne laissant après eux qu'une flamme verdâtre et qu'un peu de vapeur qui pétille et s'évanouit.

D'espace en espace, sculpté sur la pierre, entaillé dans le marbre, peint aux solives des plafonds, on voit briller le noble écusson des Courtenai, déshérités volontairement des armoiries de France qu'ils eurent le droit de porter. Celui qu'ils acceptèrent avec les grands biens de la maison dont ils prirent le nom également, a sur son champ d'or deux tourteaux de gueules; deux anges le soutiennent, et chacun crie : *Honneur aux Courtenai!* Le temps, plus que la main des hommes, effacé en certains endroits une partie de la devise, emporté un débris du fier blason et mutilé les anges; mais il en reste assez pour rappeler au souvenir des Courtenai d'aujourd'hui ce que furent leurs ancêtres, et leurs yeux se mouillent de larmes quand ils aperçoivent les tronçons de la couronne fleurdelisée qui ornait le front de leur premier aïeul, du fils de Louis-le-Gros. Tant de grandeurs ont disparu; les branches royales, impériales et souveraines des Courtenai se sont éteintes successivement, d'autres ont lutté avec plus de succès contre la faim dévorante des siècles, mais elles ont cédé aux lois éternelles : leurs domaines ont été partagés, leurs châteaux renversés jusqu'en leur fondement, et à peine si maintenant dans un coin de la France, en ce manoir dont je viens de peindre l'aspect général, une étincelle de cette famille auguste luit sur le point de s'éteindre, et alors il ne restera que le souvenir de tant d'illustration et de hauts faits.

Au milieu de ces ruines massives, s'élève un modeste manoir renfermé dans ce qu'au temps jadis on nommait la petite écurie. Les Courtenai du dix-huitième siècle y trouvèrent assez d'espace pour s'y loger commodément; ils se crurent même établis en vrais seigneurs du jour, à tel point les magnats féodaux ont dégénéré de la splendeur de leur père. Ce lieu, jadis si humble, s'appelle le Château des Courtenai, et là habitent ceux qui n'ont gardé de tant de fortune que la vertu; ils la regardent avec raison comme leur plus riche héritage.

Le soleil allait se coucher; la journée,

quoique froide, avait été superbe; elle s'était parée radicalement de la gelée qui régnait depuis la nuit dernière, et dans la campagne, présentait un tableau admirable, où brillait au premier rang ce phénomène si pittoresquement décrit par M. de Lormian, l'un des plus grands poètes de l'époque, dans ces deux vers de la Ballade *La Nuit des Morts*, où il a déployé tant de talent,

> Et le givre, en festons, en cristaux lumineux,
> Se suspendait au front des arbres sans feuillage.

Les côteaux voisins reflétaient la lumière prête à s'éteindre dans les nuages empourprés de l'occident, et qui ceignaient d'un or chaud et rayonnant les hautes ruines du château de Courtenai. Il y avait, sur la pente d'une muraille, à demi-détruite, une jeune fille debout, immobile; elle tournait le visage vers le nord, et prenait plaisir à contempler les jeux de la lumière, illuminant les arbres élevés, les chaumières, les clochers de la ville voisine, se jouant dans les profondeurs du paysage, tandis que dans les bas-fonds disparaissaient déjà sous les ombres obscures de la nuit qui montent de la terre vers le ciel.

Cette jeune personne, ainsi isolée et resplendissante, elle-même, au milieu des flammes du soleil couchant qui l'environnaient, ressemblait de loin à une apparition angélique: sa robe blanche, ses blonds cheveux dont les boucles allongées jouaient sur ses épaules au gré d'un souffle léger qui les agitait, les formes sveltes de sa taille élancée comme celle d'un peuplier naissant, et sa beauté, peu commune, achevait de compléter l'illusion. Elle demeura peu de minutes dans cette position tranquille, une voix chérie et bien connue l'ayant appelée, elle tressaillit doucement, tourna avec grâce sa tête charmante, et puis s'élançant avec la prestesse d'un jeune faon, elle descendit rapidement du belvédère dégradé sur lequel elle était montée; posant lestement son pied mignon sur les pierres avancées de la muraille, et en un clin-d'œil ayant atteint le terrain solide, elle s'élança dans les bras de celui qui l'appelait.

C'était un jeune homme de la plus riche taille, qui portait sur sa figure ouverte et animée la supériorité de son caractère; un berret militaire, orné d'un gland à torsades d'or, couvrait son front large et noblement dessiné; il avait pour vêtement un costume complet de matelot, en beau drap bleu foncé; un mouchoir de soie rouge serrait son col, et des bottines de peau de daim renfermaient ses jambes musculeuses et bien proportionnées; une carnassière portée en sautoir autour de ses reins, et un fusil avec lequel il jouait, annonçaient qu'il revenait de la chasse. Il regarda avec un mélange d'anxiété et de plaisir, la jeune fille qui venait à lui, car s'il la trouvait charmante, il craignait qu'elle ne se blessât dans sa course, parmi ces vieilles ruines; il fut satisfait lorsqu'elle arriva près de lui, et ce fut avec une vive amitié qu'il lui prodigua de chastes caresses.

La chasse a-t-elle été productive, mon bon Éleuthère? demanda la jeune personne au survenant.

— Je rapporte, répondit-il, de quoi garnir le garde-manger de la vieille Jeanne, et elle ne dira pas que j'ai tiré ma poudre aux moineaux.

Et en parlant ainsi, il frappa sur la carnassière, passablement arrondie. Hélène y porta un regard curieux, loua l'adresse du chasseur, et tous deux se tenant par la main, prirent la route de la portion habitée du château de Courtenai. C'étaient le frère et la sœur ; ils trouvèrent sur la porte du manoir antique, un adolescent qui les attendait avec impatience s'il fallait en croire ses traits: jamais il n'avait été créature plus petite, plus frêle et plus mignonne, parmi celles qui tiennent le milieu entre la race naine et celle des hommes ordinaires: cet enfant, ou plutôt ce jeune garçon, car il avait alors quatorze ans, s'appelait Georges et sortait du beau ciel de la Grèce, où Eleuthère de Courtenai l'avait rencontré, renversé, couvert de blessures, et prêt à périr sur les corps inanimés des autres membres de sa famille; cet être charmant eût servi de modèle à l'amour de Praxitèle, à tel point, dans ses proportions exiguës, il paraissait semblable à ces génies de l'air, à ces silphes qui, renfermés pendant le jour dans les calices des fleurs, en sortent, lorsque la lune se lève, pour danser dans les prairies jusques au premier chant du coq; il y avait dans ses yeux, dans chaque trait de son visage, une vivacité, une expression entraînante, un charme surnaturel, auquel on n'échappait pas. On ne pouvait entendre ou voir Georges sans l'aimer. Georges, souple, délicat et nerveux, annonçait l'agilité et la force; la teinte brune de sa peau satinée, et les boucles courtes de ses cheveux noirs, apprenaient aussi qu'il était né sur une terre plus ardente que celle qu'il foulait en ce moment. Mais si son extérieur plaisait, combien plus encore on s'attachait à lui lorsqu'on avait eu le temps de l'apprécier.

Jamais en France il ne fut âme plus sensible, plus impétueuse, et qui eût tant besoin d'aimer! Oh! comme une parole douce le touchait, comme le moindre reproche lui faisait une blessure cruelle! Fier sans parler même, jaloux de mériter des éloges, haineux du blâme, ce bel enfant passait sa vie dans une exaltation perpétuelle. Toute la Grèce, avec ses illusions, ses inventions poétiques, ses vertus et ses défauts terribles, existait en lui. Georges manifestait son origine par tous ses actes journaliers. Il recherchait la solitude; il se complaisait aux récits des vieilles femmes. La musique le plongeait dans une extase délicieuse; et qui aurait pu le retenir à la maison, lorsque les sons de la clarinette venaient l'appeler à la danse avec les jeunes filles du voisinage? Quelle indignation s'allumait dans ses yeux si beaux, quand un passe-droit à son désavantage lui prouvait qu'on le regardait, à cause de sa jeunesse et de sa taille, comme un bambin avec lequel on pouvait jouer sans conséquence!

Alors sa main si petite, si bien modelée, cherchait machinalement le poignard qu'il portait dans son pays natal, mais dont le baron de Courtenai, par prudence, lui avait interdit l'usage; et, honteux de ne pas le trouver, il s'éloignait en dévorant des larmes qui l'embellissaient encore plus.

Georges, recueilli par Eleuthère, rendu par lui à la vie, n'avait plus voulu le quitter; et, lorsque ce dernier abandonnait la Grèce pour revenir en France, Georges lui dit : Mon père, c'est toi; ma maison, la tienne, choisis, ou d'accepter ma vie que je te consacre, ou de me voir mourir ici.

Eleuthère, instruit de la violence du jeune enthousiaste, s'était décidé à l'amener avec lui : il n'avait eu dès-lors qu'à s'en louer; et ses parens, après qu'ils eurent connu Georges, finirent par le regarder comme le plus jeune fils de leur famille. Il n'y était pas sur le pied de domestique, mais sur celui de commensal. Il mangeait avec les Courtenai, servait de secrétaire, de messager; cultivait les fleurs, soignait le colombier et particulièrement les chevaux qu'il aimait avec une sorte de frénésie. Mais bientôt une passion plus vive resplendit dans son cœur : Hélène de Courtenai lui montra tant de pitié, une bonté si complète, que Georges se figurait voir en elle sa mère et les deux sœurs qu'il avait perdues. Hélène devint sa divinité, l'objet de ses pensées, le but de ses prévenances. Sa beauté lui parut surnaturelle; et, dans ses vertus, il reconnut celle de la *Panagia* sacrée (la vierge). Il ne vivait que pour la servir et lui plaire. La fâcher le désespérait, et le travail le plus pénible était pour lui richement récompensé, lorsque Hélène souriait et lui abandonnait gracieusement cette main qu'il baisait avec une volupté pure.

La taille de Georges, son air enfantin, sa naïveté si naturelle, l'étrangeté de son caractère et le respect profond dont il colorait son attachement, justifiaient la douce familiarité de mademoiselle de Courtenai. Il y avait, d'ailleurs, une remarque à faire, celle que le bonheur de Klephte ne paraissait complet que lorsque ses deux mains pressaient également les mains d'Hélène et d'Eleuthère. En lui, enfin, l'amour était seulement de l'amitié fanatique, comme peut-être il serait bon qu'il existât toujours. Un vêtement singulier dans son élégance le parait encore un peu. Les Courtenai, sans être riches, jouissaient d'une honnête aisance, et leur mesure parfaite, leur sage économie leur permettait de se donner les agrémens de la vie, et de tenir leur rang ainsi qu'il convenait.

Ce fut donc Georges, le grec, qui vint au-devant du frère et de la sœur, comme ils allaient entrer dans le château. Il leur adressa de tendres reproches sur leur absence, qui, pour lui s'était trop prolongée; puis s'adressant plus particulièrement au baron de Courtenai :

— Chef, dit-il, ta grand'mère a reçu une lettre de Paris, et ton oncle une autre; sais-tu qui les a écrites?

—Je pourrai te l'apprendre lorsque je le saurai moi-même, répondit Éleuthère, mais pourquoi t'avises-tu d'être curieux de ce qui ne te regarde pas?

Georges rougit de ce léger reproche, ses grands yeux se remplirent de larmes, il regarda son maître, et répliquant :

—J'ai tort, je l'avoue, mais j'ai cru entendre que nous irions à Paris, et tu sais combien, après le désir de fouler le sol de l'Hellade, est vif en moi celui de porter mes pas vers la seconde Athènes !

—Ne pleure pas, Georges, dit Hélène avec un doux son de voix, l'humeur aventureuse est permise à ton âge; je te promets, pour te consoler, de chanter ce soir l'air du Barbier de Séville, qui te plaît tant.

L'enfant releva sa jolie tête, regarda fixement mademoiselle de Courtenai, et, baisant avec vivacité la main d'Éleuthère, tandis qu'il la débarrassait du fusil dont elle était chargée, il marcha gaîment devant le frère et la sœur, et tous les trois pénétrèrent dans la pièce vaste dont on avait fait un salon. Une tapisserie de cuir doré garnissait la muraille, ornée en outre d'une vingtaine de portraits des sires de Courtenai et de leurs dignes épouses; on avait appendu çà et là quelques armures de chevaliers, des boucliers du moyen-âge, la forte épée de Pierre de Courtenai, empereur de Constantinople, sa masse et ses gantelets de fer. C'était pour la famille des reliques glorieuses, auxquelles on attachait beaucoup de prix.

La cheminée immense portait sur son manteau les armoiries de la maison, deux termes, sculptés à la renaissance de l'art, soutenaient cette construction gigantesque; il y avait des bancs à droite et à gauche du foyer, des fauteuils où l'art de la menuiserie avait fait des prodiges, quelques tables en bois d'ébène chargées de marquetteries, deux armoires de forte dimension décorées avec tout le goût du seizième siècle, et plusieurs miroirs avec des cadres garnis de petites glaces, et de festons de fer doré; un tapis de Turquie, dont les couleurs vives et tranchées luttaient encore contre l'usance, couvrait le parquet formé de longues et larges planches de chêne noir, où l'on avait incrusté certains ornemens, et des écussons féodaux en bois de couleur : le travail n'était pas sans mérite; on le devait, selon la tradition, à un ancien veneur du bisaïeul d'Éleuthère.

Trois personnes se trouvaient en ce moment dans le salon, deux femmes et un homme, la marquise d'Armenseine, la vieille Moline, sa femme de chambre depuis soixante ans, car toutes les deux avaient dépassé leur quatre-vingtième année, et le comte de Lombel, fils de la marquise, et frère du père du baron et de mademoiselle de Courtenai. L'aïeule inspirait un respect et une vénération mérités par ses vertus privées et sa conduite sans tache; elle avait passé sa première jeunesse dans la perversité de la cour de Louis XV, sans que jamais la calomnie l'eût flétrie, et cependant, combien alors elle était belle! on le reconnaissait encore malgré les ravages du temps; elle avait dû être grande, et, lorsque parfois elle se redressait, soit sur son siége, soit pour passer à une porte, elle reprenait une majesté dont elle se dépouillait habituellement pour conserver les dehors d'une bonté inaltérable et d'une complaisance sans bornes qui respiraient aussi dans son âme: tout en elle annonçait la personne de haute qualité; ses manières étaient grandes, aisées et sans affectation; accoutumée aux hommages, elle les évitait, loin de les rechercher; son esprit n'avait rien perdu de sa vivacité, de son étendue, et si son imagination avait été autrefois plus brillante, du moins se maintenait-elle dans des proportions qui la faisaient encore admirer; adorée de ses enfans, de ses amis, de ses voisins, sans morgue, sans vains scrupules, elle était pieuse, charitable, bonne mère; c'était enfin un de ces types de caractères rares, tels qu'on en rencontrait autrefois dans les grandes maisons.

Le comte de Lombel, son fils, homme jadis à la mode, avait plus d'usage du monde que d'esprit supérieur, mais c'était l'antique honneur, la probité, la délicatesse en personne; il n'avait jamais prêté qu'un serment; son royalisme faisait partie de sa religion; Dieu d'abord, les Bourbons ensuite; et celui-là, n'oubliant pas que le sang de Hugues Capet coulait aussi dans ses veines. On ne le cita jamais parmi ceux qui occupent le premier rang, grâce à leur caractère remarquable, mais on le mit toujours avec ceux dont on tenait à profit et à gloire d'être les amis; il se ressouvenait de ses succès de jeunesse, s'habillait avec goût, son linge éclatait de blancheur, sa coiffure était soignée, il donnait du temps à sa toilette, à la dérobée pourtant, et comme s'il aurait eu honte d'y songer à son âge.

Thérèse Moline, titrée demoiselle de compagnie, bien qu'elle eût toujours rempli l'emploi de femme de charge, était née, dans la maison de Courtenai, de parens qui eux-mêmes étaient au service de ses maîtres depuis plusieurs générations. Il en résultait que, s'étant identifiés pleinement avec la noble famille, ils avaient fini par croire en faire partie. Aussi, la vie, le bonheur, l'infortune des Courtenai étaient les leurs; ils partageaient leurs plaisirs, leurs revers comme si le même sang eût coulé dans leurs veines. Thérèse Moline, imbue de ces idées, les avait tellement rendues siennes, que l'honneur de la maison l'occupait sans relâche, et que, ne pensant jamais à elle, ses vœux, ses actes, ses paroles, ses projets ne tendaient qu'à l'exaltation *des nôtres* : c'étaient les Courtenai qu'elle désignait ainsi. Que de larmes elle versa dans sa longue carrière, à la vue des catastrophes qui frappèrent successivement ceux auxquels elle rapportait tout! Combien de fois elle accusa le Ciel de caprice, d'injustice, parce qu'il n'élevait pas les Courtenai, et qu'au contraire il les laissait tomber chaque jour davantage dans une obscurité dont il ne les relevait pas!

Désespérée de la réalité des calamités présentes, la vieille Moline, pour s'y soustraire, se jeta dans un monde d'illusions, de mensonges, de rêveries, se mit à chercher la vérité dans des opérations superstitieuses, et se flatta de lire des succès dans l'avenir en consultant les cartes, en tirant le sort: ce fut la manie de sa conduite. Elle n'osa cependant s'y livrer qu'en arrière de la marquise. Elle savait combien la résignation et la piété de cette illustre dame auraient condamné ces pratiques insensées, si elles ne sont coupables; mais dans sa chambre, ou chez l'homme d'affaires, ou bien dans certaines maisons du voisinage, elle s'abandonnait à son délire, et peu à peu ses prédictions, parfois réalisées, grâces aux jeux du hasard, acquirent dans le pays une haute réputation, et les jeunes filles saluèrent avec plus de respect que jamais demoisellle Moline.

Hélène elle-même, la simple, la pure Hélène ne sut pas échapper à l'entraînement universel. Demoiselle Moline, consultée souvent en cachette, ouvrit devant ses yeux un horizon immense : elle lui déclara que sa vie ne serait pas circonscrite dans l'enceinte du château de Courtenai ; qu'appelée bientôt à paraître sur un théâtre plus vaste, elle y jouerait un rôle digne de sa beauté et de son nom. Combien de fois, pendant la campagne de la péninsule ibérique, demoiselle Moline eut à examiner les cartes pour calmer les inquiétudes qu'Hélène éprouvait au sujet de son frère !

L'oracle toujours était favorable : le baron de Courtenai obtiendrait de la gloire et ne rencontrerait point la mort ; ses blessures avaient été prévues, en écartant le danger dont elles le menaçaient. Enfin, le matin même du jour où la scène que je décris s'était ouverte au château, la vieille devineresse avait prévenu mademoiselle de Courtenai que des nouvelles venant de Paris changeraient entièrement la monotonie de son existence; que des événemens imprévus à la prudence humaine élèveraient la jeune fille à la hauteur de ses ancêtres; jamais enfin les cartes n'avaient parlé avec autant de clarté et de magnificence : il restait à voir si elles auraient dit vrai complètement.

VIII.

LA SAGESSE EN DÉFAUT.

●

Les personnes vertueuses
ont trop de confiance en leurs bonnes
intentions, et souvent commettent des fautes
parce qu'elles jugent les autres
d'après elles.
RÉTIF-DE-LA-BRETONNE.

●

Éleuthère et sa sœur allèrent d'abord embrasser la marquise, puis rendirent à leur oncle le même hommage; celui-ci, portant ses regards sur la gibecière de son neveu:
— Votre chasse, dit-il, a été productive,

cher ami ; ce sont là désormais vos travaux et vos jeux.

— Mon oncle, repartit le baron de Courtenai, je me repose, puisqu'on veut la paix à tout prix ; mais si la guerre est déclarée, je marcherai en simple soldat...

— Contre des alliés, Éleuthère ?

— Contre les ennemis du sol français.

— Ne recommencez pas vos discussions accoutumées, mes enfans, dit la marquise, qui essayait de sourire ; mon petit-fils a fait son devoir en refusant de servir dans son grade le gouvernement qui domine aujourd'hui ; et vous, mon fils, feriez le vôtre au moment venu, en aidant vos concitoyens à repousser une invasion nouvelle : souvenons-nous, Lombel, de 1814 et de 1815.

Le noble vieillard ne répliqua pas à sa mère vénérable ; il baissa les yeux et soupira. Un moment de silence suivit cette conversation brève. Mademoiselle Moline, cherchant à rencontrer le regard d'Hélène, et étant parvenue à attirer son attention, lui fit un signe de triomphe qui fut compris parfaitement. Georges, indiscret comme ceux de son âge, et gâté par tous les habitans du château, s'élança au milieu du cercle formé autour du feu, et, sans s'adresser positivement à personne en particulier, dit à haute voix :

— Et les lettres de Paris! qu'annoncent-elles?

— Parleur, je vous ferai donner le fouet par Simon, répliqua la marquise d'un ton de voix qui démentait la rigueur de ses paroles.

Georges se réfugia précipitamment dans les bras d'Éleuthère, qui le reçut avec affection.

— Je voulais, poursuivit la marquise, vous laisser passer une nuit paisible, à vous, au moins, Hélène, dont l'imagination mobile rêvera sans doute de ce que vous ne connaissez pas; en remettant, dis-je, à demain la communication d'une lettre que vient de m'écrire votre tante, madame Saint-Olben; mais puisque Georges a parlé, ma retenue devient inutile : tenez, Éleuthère, venez à l'aide de mes faibles yeux ; lisez à haute voix ce que mande cette dame. Je dois avouer que de mon temps, si nous rivalisions de style avec elle, nous lui étions bien inférieures pour l'orthographe et la netteté des caractères.

La marquise sortit la lettre pliée en quatre de l'enveloppe qui la renfermait. Un cachet de fantaisie l'avait scellé ; on l'examina un moment, et le jeune homme loua le travail du graveur, puis il s'approcha de la lampe placée un peu en arrière de son aïeule, et lut ce qui suit :

— « Madame la marquise,

» Jamais M. Saint-Olben et moi n'avons
» oublié l'honneur d'appartenir en quelque
» sorte à votre illustre famille, par le mariage
» de ma sœur avec le prince de Courtenai,
» votre fils. Les contrariétés de la vie ont mis
» obstacle à ce que nous nous rapprochas-
» sions jusqu'ici de notre nièce bien-aimée,
» et que nous y joignissions l'avantage de
» faire votre connaissance. »

Ici le comte de Lombel ne put retenir un demi-sourire qu'il cacha à Hélène, mais dont la marquise s'aperçut : aussi lui fit-elle un geste de reproche qui retint l'élan de sa gaîté superbe.

« Les causes de séparation n'existent plus :
» la fortune immense de M. Saint-Olben,
» établie enfin sur des bases solides, au mo-
» ment où tant d'autres succombent ou chan-
» cellent, sa position devenue brillante par
» le rôle politique qu'il joue, lui permettent,
» ainsi qu'à moi, de nous livrer aux mouve-
» mens de notre cœur, à la tendresse que
» nous avons eue toujours pour la fille de ma
» pauvre sœur, dont la perte m'a coûté des
» larmes si amères : en conséquence, je viens,
» en mon nom et en celui de mon mari, vous
» conjurer de nous confier, pendant quel-
» ques mois, la princesse de Courtenai.
» Je ne la distinguerai pas de ma propre
» fille, et veillerai sur elle avec une égale
» amitié. L'avenir appartient à nos espéran-
» ces : qui sait celles que je forme pour le

» bonheur de ma nièce? Il est certain que je
» travaillerai à l'assurer complètement.

» Je vous réitère donc la prière de me
» céder la princesse votre petite-fille; vous
» m'obligerez de tout point en accédant à
» cette proposition. Je ne suis pas étrangère
» à Hélène, ni les miens non plus ; il me
» semble convenable qu'elle se lie avec ses
» parens maternels, les seuls qui lui restent
» de ce côté, et dont je me flatte que le rang
» ne sera pas trop au-dessous du sien.

» Si votre bonté me transmet une réponse
» affirmative, je partirai sur-le-champ, ne
» voulant pas que la princesse de Courte-
» nai soit confiée à d'autres. Il y aurait pour-
» tant un moyen de rendre ma présence inu-
» tile : ce serait.... Mon Dieu, madame la
» marquise, je n'ose vous l'indiquer; et ce-
» pendant il me serait si doux, ainsi qu'à
» M. Saint-Olben, qu'il pût vous plaire! ce
» serait, dis-je, que vous, madame, par une
» condescendance dont je ne me louerais
» jamais assez, consentissiez à nous faire

» l'honneur insigne, l'honneur profondément
» senti, de l'amener avec vous, avec M. le
» comte de Lombel, son oncle, et avec M. le
» baron de Courtenai, son frère. Que nous
» serions heureux de vous posséder! tout
» notre hôtel suffirait à vous offrir des ap-
» partemens dignes de vos personnes, et nous
» en ferions les honneurs du mieux que nous
» pourrions.

» Veuillez, veuillez, madame, condes-
» cendre à ma demande, qui est une vraie
» supplique, l'excuser, si elle ne vous plaît
» point, et dans tous les cas, demeurez per-
» suadée que je suis et serai toujours votre
» très-humble et très-respectueuse servante,

» Cécile Saint-Olben. »

La lecture finie, Éleuthère replaça cette lettre dans son enveloppe, se leva, et fut la présenter à sa grand'mère, qui la prit en le remerciant par un léger mouvement de tête. Nul de ceux présens ne se hâtèrent de rompre le silence religieusement gardé jusqu'à cet instant. Le cœur de la jeune fille bondissait de joie à la pensée qu'elle irait jouir des plaisirs de Paris; mais aussitôt elle songeait qu'un refus était plus possible qu'un consentement, et elle détruisait des illusions qu'elle voyait si radieuses.

Le baron de Courtenai, accoutumé à une soumission entière aux volontés de la marquise, hésitait à prendre la parole avant que cette dame eût fait connaître sa détermination; et pendant qu'il demeurait muet, et que sa sœur, moins encore que lui, bien qu'elle fût l'enfant gâté de la famille, craignait de faire connaître les vœux qu'elle formait, le comte de Lombel tira de la poche secrète de son habit une autre missive, à laquelle s'attachait un sceau féodal, dit à ses neveu et nièce :

— Je vais, à mon tour, vous apprendre, pour ma part, jusqu'où va la conspiration qui tend à nous arracher à notre retraite paisible. Je vous signalerai le coupable dans le vicomte d'Urtal, l'un de mes vieux, de mes excellens amis. Écoutez, s'il vous plaît, en

quels termes il s'exprime... ce bon d'Urtal !
Qu'il y a loin de ce jour où, en toute amitié,
nous nous battîmes l'un contre l'aute sous
les remparts de Metz, où nous étions en
garnison !

—Vous vous êtes battus, mon oncle, avec
votre meilleur ami ! s'écria Hélène étonnée.

— Oui, ma nièce, c'était l'usage, et je vous
assure que d'Urtal et moi faisions plus que
nous aimer; nous avions de l'estime l'un
pour l'autre.

— Pourquoi vous battîtes-vous? demanda
Georges, à qui une indiscrétion ne coûtait
jamais.

— Pourquoi ?....

Le comte s'arrêta, réfléchit sans doute,
et puis se mit à lire la lettre qu'il tenait :

« Mon cher Henri, penses-tu à moi ? ce
» serait justice, car je ne t'oublie pas; tu as
» quitté Paris, et j'y suis demeuré; tu mé-
» dites en pleine campagne, je philosophe
» dans de riches salons. J'ai toujours préféré
» ce genre de livre que le monde tient ou-

» vert devant nous, et où nos yeux plongent
» sans se fatiguer. J'assiste de temps en temps,
» et aux premières loges, à la chute d'une
» dynastie dont tu ne fais qu'entendre le
» contre-coup. Je vois passer devant moi des
» nuées de ministres; j'aime assez le spec-
» tacle que me donnent les juremens de fi-
» délité à des constitutions éternelles, et qui
» en réalité ne sont que des baux à termes
» rarement renouvelés.

» Ce spectacle est plus divertissant que
» celui de la belle nature; c'est surtout la
» cour nouvelle qu'il faut voir, encore mal
» organisée, chancelante franche; mêlée,
» où se coudoient tous les ridicules, toutes
» les bourgeoisies hautes et basses, où un
» homme de nom apparaît de loin à loin
» comme une Oasis égyptienne dans l'im-
» mensité du désert; et ces gardes nationaux
» qui n'ont des courtisans que la bassesse,
» et ces militaires ne cessant de courir au
» vainqueur; et ces honteux amis de tout le
» monde, et ces personnages qui ont tendu

» les mains à chaque pouvoir; et ceux em-
» pressés à demander la récompense des
» services non rendus dans les trois jour-
» nées; et les doctrinaires, conduits en tête
» par défunt Cousin, et gardés en queue par
» feu Guizot; je t'assure que tu perds beau-
» coup en ne voulant point prendre ta part
» de ces saturnales citoyennes... »

— Le vicomte n'a pas changé, dit la marquise; il frondera toujours.

— C'est son essence, ma mère; il nous venge, on le craint et on le flatte. Je poursuis:

« J'ai commencé par une thèse générale
» avant de venir à la perfection. Je vois, depuis
» longues années, la famille Saint-Olben al-
» liée à ton frère, et qui tient ici le haut bout.
» Ce sont des gens éminemment riches, su-
» périeurs à nos fermiers-généraux; ils ont
» un état de prince et n'entament pas leur
» revenu. Ils désirent ardemment que toi,
» ta digne mère, sa nièce et ton neveu, ve-
» niez leur faire l'honneur de les visiter; ils
» le méritent par leurs qualités essentielles,

» par l'envie qu'ils ont de vous bien rece-
» voir. Le mari, l'un des premiers banquiers
» de la capitale, est appelé à jouer sous peu
» un rôle important : il vise au ministère.
» Je ne serais pas étonné s'il escamotait la
» présidence. Il est du bois de l'actualité, de
» celui dont on fait tout aujourd'hui ; com-
» merçant et capitaliste. Je suis chargé de
» sa part, de celle de son aimable femme,
» de te solliciter, soit pour que tu fasses leur
» connaissance, soit pour que tu engages la
» marquise de Courtenai à leur céder ta nièce
» pour un bout de temps.

» Un refus les blesserait; ne fâchons per-
» sonne à l'époque présente. Qui sait de quel
» protecteur on aura besoin demain? La
» finance est rancuneuse, et la noblesse n'est
» point dans une passe de bonheur. Arrivez;
» on prépare des fêtes au château, vous en
» prendrez votre part.

» Adieu, mon bien cher seigneur, je
» t'embrasse de cœur et d'âme, et me flatte
» que tu me procureras bientôt l'occasion de

» te renouveler de vive voix l'assurance des
» sentimens que je te porte. »

« *Vicomte d'Urtal.*»

La lecture achevée, le comte de Lombel se rassit sur le fauteuil qu'il avait quitté pour se rapprocher, lui aussi, de la lumière, et le silence recommença. Mademoiselle de Courtenai éprouvait maintenant une envie plus ardente d'aller assister aux soirées que donnerait sa tante, mais moins que jamais elle osait le manifester; elle regardait avec anxiété sa grand'mère, à la dérobée pourtant, et attendait qu'elle déclarât sa volonté. Le baron de Courtenai, indifférent à ces plaisirs dont l'imagination de sa sœur était si vivement frappée, s'aperçut de ce qu'elle éprouvait, et, venant à son aide, questionna respectueusement la marquise, en hésitant néanmoins, tant il était accoutumé à obéir sans qu'on lui rendît compte des motifs du commandement.

—Est-ce pour vous, mon fils, dit son

aïeule, que vous me demandez ceci, ou bien êtes-vous l'interprète d'une curiosité naïve, s'imaginant le monde beaucoup plus digne d'attention qu'il ne l'est réellement?

—Je voudrais ma sœur heureuse, répondit-il.

—Cher enfant! le sera-t-elle plus au milieu du tumulte de Paris que dans le repos de notre solitude? J'en doute; mais ce que ma froide raison comprend aujourd'hui, la sienne, encore dans l'enfance, l'appréciera difficilement... Mais l'envoyer seule à Paris, cela est impossible; c'est un trésor d'innocence sur lequel je n'abandonnerai pas mon droit de garde.

—Oh! bonne mère, pourquoi vous séparer de moi? s'écria la jeune fille en se penchant vers la marquise de manière à paraître à genoux devant elle, quoique en effet elle ne fît que l'embrasser; serais-je véritablement contente si tous les jours je ne vous voyais pas, si je m'endormais sans avoir reçu votre sainte bénédiction? Non!

non! je vous le jure, et à ce prix cette ville superbe, Paris, avec lequel je joue dans mes rêves de délassement, me serait odieux, je m'y croirais étrangère ou délaissée.

—Et elle pense ce qu'elle exprime, dit la marquise en s'adressant au comte et à son petit-fils, j'en suis persuadée.

—Pourrais-je avoir d'autres idées? ne vous dois-je pas tout? votre tendresse ne me rend-elle pas la plus heureuse des filles? Ma mère, ma bonne mère, pour que mon bonheur soit complet, ne nous séparons pas!

—Et pour complaire à cette affamée du bruit et de la confusion de Paris, il faudrait qu'à ma quatre-vingt-deuxième année je franchisse la distance qui me sépare de cette ville, que je pensais ne plus revoir! ce serait une étrange folie que je ferais là!

—Ce serait, dit le comte de Lombel, donner à cette douce enfant une preuve touchante de votre amour, et comme elle le mérite....

—Et vous aussi, mon fils, passez contre moi dans le camp ennemi?

Un sourire bienveillant accompagna ces paroles.

—Croyez, ma mère, repartit le comte, que si votre santé n'était excellente, et que si je redoutais pour vous le moindre dérangement, la contrariété la plus légère, je m'interdirais de vous conseiller un voyage dont les conséquences, dans ce cas, me laisseraient un regret éternel; mais vous avez tant de force, vous allez à pied à la paroisse, l'âge ne vous accable pas. Nous coucherions en route, et en quelques heures la distance serait franchie et Hélène satisfaite.

—Quel est votre avis, monsieur le baron de Courtenai? dit la marquise avec une gravité affectée.

—Puis-je en avoir un autre que celui de mon oncle? répliqua Éleuthère. Je me permettrai toutefois de vous représenter humblement que ma sœur est inconnue aux parens de sa mère; il me semblerait convenable qu'elle se rapprochât d'eux ; si on refusait de l'envoyer auprès de sa tante, ne pourrait-on pas nous accuser.....

Éleuthère s'arrêta, il rougit et parut regretter de s'être exprimé de manière à laisser soupçonner les siens d'un orgueil de position qui n'était pas dans leur caractère. Hélène, trop occupée de l'espérance de voir Paris, n'y fit pas attention ; mais cette considération majeure, présentée modestement à la marquise, la décida à un acte auquel, certes, elle n'était pas préparée à l'avance : alors elle se tourna vers sa femme de chambre qui, sans avoir parlé, avait pris néanmoins un vif intérêt à la conversation.

— Thérèse, dit-elle, vous ferez ma malle ; et j'hésite à vous ordonner de préparer la vôtre, car, certes, vous ne voudriez pas partager ma manie de voyage.

— Ah ! madame la marquise, je vous suivrais en Amérique ; jugez si je n'irais pas à Paris avec vous !

— Voilà donc qui est réglé, reprit madame d'Armenseine, hors un point toutefois : je veux bien conduire Hélène à sa tante, mais non importuner de ma présence et de la vôtre, messieurs, la famille Saint-Olben; nos goûts, nos habitudes, nos liaisons, ne s'accorderaient pas réciproquement; nous camperons à l'entour.

—Pourquoi refuser d'aller demander un abri, dit le comte de Lombel, à votre amie, madame d'Aubeterre? ce serait la combler de joie, et certes, vous la surprendriez.

—J'approuve votre idée, mon fils, repartit la marquise; je serai chez ma compagne de couvent, et il y a long-temps que nous y étions ensemble; je serai, dis-je, comme chez moi.

—Quand partirons-nous? demanda Hélène encore appuyée sur le bras du fauteuil de son aïeule.

—Mon enfant, les plus courtes folies sont les meilleures, et, en conséquence, après-demain nous serons sur la route de Fontainebleau.

—Serai-je seul à demeurer ici? demanda timidement cette fois Georges.

—Et ce sera en punition de vos nombreuses étourderies, répondit mademoiselle Moline, dont le plaisir, ou plutôt la malice, consistait à lui faire peur en représaille de ses nombreuses espiègleries. L'enfant, épouvanté à cette menace, qui brisait son cœur et que le silence de la famille semblait approuver, tourna ses beaux yeux noyés de larmes vers la marquise d'Armenseine, et en même temps joignant ses mains:

—Mère de la Panagia, dit-il d'une voix vivement émue, tu n'auras pas autant de rigueur pour le pauvre Klephte, qui s'est assis à ton foyer et auquel tu as permis de manger du pain et du sel avec toi!

Cette prière naïve et dont l'effet fut augmenté par l'accent mis à la prononcer toucha la vieille dame; elle étendit son bras lentement, et, de l'extrémité de ses doigts, effleura la joue colorée et cotonneuse de Georges.

—Vous irez avec nous, dit-elle, si vous me répondez de votre retenue et de votre discrétion.

Georges se répandit en protestations de sagesse, baisa respectueusement le bas de la robe de la marquise, embrassa son protecteur en premier, le baron Eleuthère, et, presque en même temps, trouva le moyen de sourire délicieusement à Hélène, sa belle amie, et de faire une moue de vengeance et de triomphe à la demoiselle, dite de compagnie, qui lui riposta par un geste de menace dont il rougit, car la signification lui en était trop connue.

IX.

QUELQUES DÉTAILS.

*L'ancien et le nouveau régime se chercheront toujours
et ne se rencontreront jamais.*
Prophéties.

Deux ou trois jours après son arrivée à Paris, le baron Eleuthère écrivit au colonel en retraite, Albert de Maltemont, la lettre suivante :

« Avant de vous quitter, mon cher Albert, je vous promis des détails sur *ma* RENTRÉE *dans le monde* : cette expression était juste, car j'avais quitté la société de Paris sous un autre but, sous un autre règne, et, certes, la physionomie générale de la société a pris une autre forme et un autre aspect; je tiens ma promesse, et, comme votre amitié attache de l'intérêt à connaître ce qui a eu lieu entre la famille de ma sœur et la mienne, je vais la satisfaire amplement :

» Je vous renouvellerai le tableau de ma surprise : d'abord, à la réception de la lettre véritablement pressante des Saint-Olben, gens que nous n'avions jamais rencontrés dans *notre monde*, et qu'à ma honte j'avais négligé d'aller chercher chez eux. Ils vivaient mal avec ma belle-mère; et mon père, après la mort de celle-ci, les laissa complètement, sans plus s'occuper de leur existence; je l'imitai, un peu par son ordre, si bien que dans mes courses à Paris je n'entendis jamais parler d'eux parmi nous. Eux, de leur côté, ne firent aucune démarche propre à nouer des rapports qui ne leur convenaient point sans doute;

et si une fois, à chaque nouvelle année, Hélène n'eût reçu un cadeau de sa tante, accompagné de quelques lignes froides et symétrisées, nous n'eussions pas soupçonné chez nous qu'il existait des Saint-Olben.

» Tout à coup la scène change : la vraie royauté s'écroule en France ; nous perdons tout espoir de relever notre nom de la fatalité qui s'attache après lui. J'ai, pour ma part, quelque honte d'imiter mes supérieurs militaires, et de manifester pour le premier venu autant d'amour que de fidélité. Je m'efface, me retire, et les Courtenai en ma personne rentrent dans cette sécurité fatale, dont, depuis des siècles, ils ne peuvent s'affranchir. Pendant ce temps, les Saint-Olben, dont la fortune prodigieusement étendue a résisté aux secousses qui ont ébranlé celles du commerce les mieux établies, grandissent, prennent de la consistance, s'établissent en pied à la cour actuelle, et rayonnent d'un éclat qui, bien peut-être d'origine un peu ternie, n'en est pas moins réel. Nous apprenons que le ministère chancelant est sur le point de se renforcer des lumières du banquier Saint-Olben; car vous saurez, mon ami, que la révolution qui a ramené le coq français ne lui a pas rendu l'assistance des aigles, et que, suivant un proverbe de demoiselle Moline, dont vous aimez tant le bonnet à papillon empesé; *dans le royaume des aveugles...* je n'achève ni l'adage ni ma phrase. Bref, en vertu du cours ordinaire des choses, les Courtenai se croyaient plus que jamais oubliés et au-dessous des Saint-Olben.

» Tout à coup nous arrive une lettre... vous l'avez vue; elle nous surprend : voilà que nous devenons gens d'importance, qu'on veut connaître. On nous supplie d'accourir; on se fait appuyer par le vicomte d'Urtal, un des nôtres qui, depuis des siècles, ne sort des Tuileries, n'importe quel en soit le maître, et ce, afin de persifler continuellement celui-ci : or, M. d'Urtal a grand crédit sur mon oncle. Bref, un refus aurait été ma réponse, si de pareilles lettres m'avaient été adressées. J'aurais en outre parié que ma grand'mère aurait fait comme moi. Point, la marquise non-seulement consent à permettre à Hélène d'aller faire connaissance avec ses parens maternels; mais, ô prodige! nous déclare qu'elle l'accompagnera à Paris. Peindre ma surprise de ceci me serait impossible. La marquise, vous le savez, est la raison en personne; sa tête a, dans un âge très-avancé, la verdeur de la jeunesse unie à la maturité d'une haute expérience. Je l'admire autant que je l'aime. Eh bien! sa résolution inattendue m'a confondu; je suis encore à en apprécier les motifs.

» Ce qui est certain, c'est que, le surlendemain de la réception de ces deux lettres, nous étions en route pour Paris, moi ayant eu à peine le temps d'aller vous embrasser, et Hélène heureuse, rêvant, selon l'expression d'Horace, *des jours filés d'or et de soie*, voyant d'ailleurs Paris d'autant plus superbe qu'elle ne le connaissait pas. Nous sommes tous partis, notre aïeul le comte Lombel, la vieille Moline et mon petit Georges, ce pauvre enfant qui passe sa vie à ne rien faire et à nous aimer.

» Les Saint-Olben espéraient nous accabler peut-être sous la grandeur de leur hospitalité superbe; la marquise en a décidé autrement: nous sommes venus tous trois avec Hélène, nous loger chez madame d'Aubeterre, dont le bel hôtel nous a été ouvert comme son cœur. Ma mère a parfaitement supporté les deux jours de route et avec une fatigue médiocre; je craignais pour elle ce déplacement, qui n'avait pas eu lieu depuis plusieurs années; grâce à Dieu, il ne lui a été aucunement contraire. Je vous tiens quitte du compte rendu des événemens de la route; ils ne sont dignes ni de votre curiosité, ni d'être comparés à ce qui nous est arrivé depuis que nous sommes dans la grande ville.

» Madame d'Aubeterre, après nous avoir embrassés, et comme il n'était pas encore cinq heures, exigea que la marquise passât dans sa chambre et se couchât ; puis elle fit servir le dîner auprès de son lit, voulant encore que Georges et Moline se missent auprès de nous, selon l'usage établi dans notre château : je croyais que Moline apprécierait cette distinction de la part de madame d'Aubeterre. Que je comprenais mal ses pensées secrètes ! La commensale des Courtenai va de pair avec tout le reste de la noblesse de France. Or, dîner avec celle-ci est chose naturelle et très à sa place. La vieille femme a une haute idée du rang de notre maison. Quant à Georges, il ne vit que de plaisir de ne pas nous quitter ; il se mit au bas bout, et pendant tout le temps ne cessa d'ouvrir pleinement ses grands yeux, pour ne rien perdre du Paris de dedans, ainsi qu'il avait fait pour le Paris de dehors, suivant sa phrase, tandis que notre voiture parcourait les rues depuis la barrière de Fontainebleau jusqu'à la rue de l'Université.

» Notre noble hôtesse eut un peu de peine à comprendre le motif réel de notre voyage.

Les Saint-Olben, à ses yeux, étaient à peu près perdus au milieu de la foule, et le son de quelques napoléons de plus ou de moins, ne pouvait attirer son attention de ce côté. Nous lui parlâmes de la nouvelle cour, elle en était à mille lieues; mais avec son obligeance accoutumée, elle offrit de faire appeler son carrossier, qui, attendu ses épaulettes de sous-lieutenant de la garde nationale, allait souvent au Palais-Royal en la compagnie de son épouse, grisette jolie à croquer, ajouta obligeamment la comtesse d'Aubeterre.

» Cette voie de renseignemens sur un lieu pareil nous parut piquante et singulière. Nous remîmes à nous informer de ce qu'on faisait chez le roi des Français, lorsque nous rencontrerions le vicomte d'Urtal, ou l'un des premiers gentilshommes de la chambre de S. M. Charles X. Le dîner achevé, la marquise me fit signe de venir à elle.

— Mon fils, me dit-elle, nous devons conduire à bien notre entreprise; il ne faut pas, puisque nous avons répondu à l'invitation de la famille Saint-Olben, qu'elle nous accuse aucunement de nous rappeler ce que nous sommes. C'est au contraire ce que nous devons oublier, vu le temps qui court et les nouvelles grandeurs de l'époque. Mon désir est donc que, prenant congé de madame d'Aubeterre, vous alliez, sur-le-champ, prévenir les parens d'Hélène de son arrivée, et que demain je la conduirai moi-même chez eux.

— Vous? madame! ne pus-je m'empêcher de lui dire avec étonnement.

— Pensez-vous, me répondit-elle, qu'il serait plus convenable de remettre notre sœur aux mains de Moline?

— Non, j'en doute; mais puisque vous êtes venue de votre château ici, les Saint-Olben pourraient bien...

— Monsieur le baron de Courtenai, me fut-il répondu, lorsque j'ai dépensé prodigalement trente-huit lieues, je n'économiserai pas quelques centaines de toises.

» Le ton décidé de ma mère m'interdit toutes réflexions; vous avouerai-je, Albert, que je fus fâché presque de sa condescendance? Les gens d'argent auxquels nous devions avoir affaire me paraissaient peu propres à concevoir le mérite de la démarche de madame de Courtenai, et franchement j'aurais voulu... Que sais-je... il m'arrive parfois de me bercer de chimères. J'ai grand'peine à me dépouiller du vieil homme, et lorsque je peux me reprocher une partie de l'orgueil de Lucifer, dois-je me plaindre de la vanité d'une famille de commerce?

» Ces réflexions que je vous expose ici, je les fis rapidement lorsque mon aïeule me parlait, et bientôt, pour lui montrer mon obéissance, je sortis de l'hôtel d'Aubeterre pour me rendre dans la Chaussée-d'Antin. Il pouvait être six heures et demie; je craignais d'arriver chez les Saint-Olben pendant leur dîner, et je résolus de m'arrêter, pendant un peu de temps, sous les galeries du Palais-Royal, n'étant pas d'ailleurs fâché d'examiner, en passant, cette demeure de la royauté citoyenne. La grande cour était soigneusement fermée : un bataillon de garde nationale et un de la ligne y bivouaquaient ensemble. Des feux allumés en plein air rappelaient ces haltes militaires des époques guerrières de la France; mais cette illusion ne pouvait se prolonger dès qu'on examinait la figure joviale et presque ridicule de ces zélés et bons boutiquiers, si heureux d'être quelque chose en dehors de leurs magasins, et sur le pavé de Paris. Les appartemens resplendissaient à la clarté de deux mille bougies. Je remarquai qu'on laissait soigneusement les volets repliés, afin que le peuple souverain pût jouir de l'étroite colonnade dans laquelle il s'extasiait, de la splendeur de son monarque, qui jusque là n'avait compris le faste de la royauté que le verre en main, et à la lueur rayonnante d'une illumination perpétuelle.

» J'admirais la nouvelle galerie d'Orléans, parfaite en été pour prendre un bain d'étuve, et en hiver pour se familiariser avec la température glacée de la Russie. C'est, à part ce double inconvénient, une vraie création de féerie, où les syrènes ne se promènent plus, on le leur a interdit; mais où circulent les solliciteurs de Paris et de la province, gens non moins âpres à la curée que ceux de 1814, à qui Dieu fasse paix. J'entendis dans ce lieu le jargon de toutes les villes de France; j'y reconnus mes Bourguignons avides, non moins que les libéraux de Gascogne, et conclus que si le courage de la populace avait fait la dernière révolution, l'intrigue ne s'était pas tenue en arrière pour en tirer parti.

» Le temps s'écoula, huit heures sonnèrent, et une diligente, que je pris sur la place du Palais-Royal, me transporta, pour mes six sous, devant la porte de l'hôtel de Saint-Olben. J'aperçus, en entrant dans la cour, une illumination pareille presque à celle qui avait frappé mes yeux chez le roi des Français. J'en fus fâché, croyant arriver au milieu d'une fête, en costume modeste de voyageur; je me trompais, il s'agissait d'une soirée ordinaire, d'un dîner sans cérémonie, de chaque jour, donné à douze ou quinze amis intimes. Le luxe de cette cordialité m'avait fait tomber dans une erreur complète.

» Lorsque j'atteignis la première antichambre, l'on venait à peine de quitter la salle à manger, et l'on prenait le café. C'est un bon moment pour se faire annoncer, chacun alors songeant à soi, et pas aux autres, on ne s'inquiète guère de qui entre ou de qui sort, et l'on peut parvenir jusqu'aux maîtres de la maison sans se rendre l'objet de la curiosité publique. En effet, mon nom éclata sourdement au milieu d'un cliquetis de tasses et de petits verres, d'une conversation bruyante, échauffée par les libations du dîner. Le valet de chambre qui m'annonça, ayant estropié et mâchonné mon nom, nul ne sut qui j'étais, et je me trouvai là parfaitement inconnu.

» J'ai dit qu'il y avait confusion entière en

ce moment, et cela si bien que madame Saint-Olben n'était pas à sa place, auprès de la cheminée. Je ne savais trop où aller la chercher, parmi les trois à quatre personnes à peu près du même âge, qui se trouvaient là toutes mises sans façon, et à merveille à cause de la simplicité obligée. Je portais donc autour de moi des regards interrogateurs, mourant d'envie de parler de prime-abord à une fort jolie personne assise à ma droite, ou à une femme âgée d'environ vingt-cinq ans, qui caquetait de son mieux, vers ma gauche, avec un groupe d'hommes assez peu avantagés du côté de la tournure, pas un n'était maigre, et leur embonpoint attestait la quiétude de leur position sociale.

» J'étais positivement embarrassé, nul ne venant à moi, et, qui pis est, ne me soupçonnant pas dans le salon. Un seul parti me restait à prendre, j'étais prêt de l'employer en vrai désespéré, celui de demander, à haute voix, qui étaient M. et madame Saint-Olben, lorsque mes yeux se reposèrent par hasard sur un personnage qui, debout et retiré vers un angle du salon, buvait avec tant de plaisir et de réflexion une lampée de liqueurs choisies, qu'il attira nécessairement mon attention. Bientôt, en l'examinant avec plus de soin, je crus reconnaître en lui le galbe d'*un des nôtres*. Il pouvait avoir environ soixante ans, portait sa tête en homme de qualité, condition que je ne pus méconnaître en lui, à la manière dont il posa d'abord son verre, et dont ensuite il se servit de son mouchoir. Alors me ressouvenant du philosophe qui, jeté par la tempête dans une île déserte, et ayant aperçu sur le sable des figures de mathématiques, s'écria : Il y a ici des hommes ! alors, dis-je, je fis à peu près comme lui, et dis à moi-même : Il y a ici quelqu'un. Vous voyez, Albert, comme je suis franc à avouer mes préventions, mes faiblesses.... J'allai donc droit à ce quelqu'un.

— Monsieur, lui dis-je, voudriez-vous me faire connaître madame Saint-Olben, à laquelle je suis étranger, et que je viens chercher dans sa maison?

» *Le nôtre*, à son tour, m'examina des pieds à la tête, avec autant de curiosité que de discrétion, puis, et sans doute ma mesure morale, prise à l'aide de celle de mon extérieur, il répondit :

— Avec plaisir, monsieur, aussitôt que vous aurez bien voulu me nommer celui qui, je présume, veut que le vicomte d'Urtal le présente.

» Je n'avais pas été en défaut, ce *quelqu'un* était l'ami intime de mon oncle; je me hâtai de me féliciter de la rencontre, et me donnai à lui pour le neveu du comte de Lombel. A la vivacité de son accolade, à la joie venue sur son visage, je pus reconnaître celle que lui causait ma présence. Il se hâta de prendre ma main, et écartant avec une sorte de politesse brusque les hommes placés devant nous, il me conduisit vers la femme du banquier, peu imposante bien que gourmée, point belle, et ayant néanmoins toutes les prétentions de la beauté. Je ne sais pourquoi le malin vicomte négligea de me nommer d'abord; la dame, m'examinant à son tour avec une majesté très-comique, et ne remarquant sans doute en moi que la simplicité de ma mise, m'honora d'un mouvement de tête protecteur dont je fus très-reconnaissant, et daigna, avec une grâce parfaite, ajouter à l'obligeance de cet accueil qu'elle me voyait avec plaisir dans son salon, puisque j'y paraissais sous les auspices du vicomte d'Urtal, pour qui elle avait autant d'affection que d'estime. Oh! comme il mit du persiflage ce cher seigneur dans la révérence de congratulation qu'il fit à la dame en retour de ces paroles bienveillantes. Celle-ci, pensant avoir fait au-delà de ce que pouvait espérer un homme habillé avec tant de mesquinerie, tournait la tête de côté, comme pour me dire : — Mon cher, laissez-moi, vous n'en valez pas davantage; lorsque je me permis, avec une insistance audacieuse, de reprendre la parole, et de lui apprendre l'arrivée de ma sœur :

— De votre sœur, monsieur ? me dit-elle avec une stupéfaction marquée ; je suis charmée de la savoir à Paris, et regrette que le cercle borné de ma société ne me permette pas d'étendre jusqu'à elle une invitation que je vous fais de grand cœur.

— Mais, madame, répliquai-je, prenant beaucoup sur moi, je vous assure, pour ne pas éclater, ainsi que j'en mourais d'envie, ma sœur est votre propre nièce.

— Je n'ai pas de parens.

» Ceci fut dit avec une sécheresse si froide...

— Mademoiselle de Courtenai... poursuivis-je.

— Comment, monsieur ! que dites-vous ? en laissant paraître sur ses traits une émotion inexprimable ; quoi ! vous seriez...

— Ne m'avez-vous pas entendu ? reprit alors le vicomte d'Urtal ; je vous présentai M. le baron de Courtenai.

— Le prince de Courtenai !... vous, monsieur, le frère de la princesse Hélène, ma nièce?... s'écria la bonne dame, confondue entièrement, et assez haut pour attirer l'attention générale... Ah, grand Dieu! quelle distraction... que Votre Altesse m'excuse... (Oui, Albert, elle me donnait de l'altesse : ces libéraux ont si peu de considération pour les grandeurs!..) Monsieur Saint-Olben, où donc êtes-vous?... approchez... voici le prince de Courtenai, le frère de notre nièce, qui nous fait l'honneur ou l'affront de nous prévenir, ajouta-t-elle avec une inflexion de voix humble.... Et la princesse, votre aïeule, est-elle arrivée aussi? la devancez-vous? nous sommes impatiens d'aller lui rendre nos hommages (elle se reprit), d'aller la voir. Son grand âge, sa complaisance... figurez-vous, ma reine, continua madame Saint-Olben, en se tournant vers une femme encore plus massive qu'elle, et monstrueusement surchargée de diamans, en compagnie d'une robe de mousseline, que la princesse douairière de Courtenai, par égard pour nous, a quitté ses terres, (elle plus qu'octogénaire,) dans le seul motif de nous conduire notre nièce.

» Ces propos avaient été débités avec tant de véhémence et de bruit que chacun, se rapprochant de nous, formait la portion d'un double cercle, dont la dame de la maison et moi étions le centre. Le prince de Courtenai étant d'ailleurs une curiosité, comme toute autre chose, on n'était pas fâché de le voir. Cependant, à l'appel de sa chère moitié, voici venir le seigneur et maître, se montrant, dans la circonstance, demi-banquier, demi-poli, il me tendit affectueusement la main, que je ne balançai pas à serrer. Bientôt après, lui succéda un jeune homme de bonne mine, l'air un peu commun peut-être, qu'on me présenta en qualité de son fils. Je crus même que le banquier, une fois lancé, allait en outre me présenter mademoiselle sa fille, lorsque j'échappai à ce ridicule, en priant la mère de me procurer le bonheur de mettre mon individu aux pieds de sa fille. Je débitai quelques sottes phrases de ce genre, à tel point tant de fracas m'avait confondu, et presque décontenancé. La jeune Athénaïs était cette jolie personne qui m'avait paru si jolie déjà. Son accueil fut froid ; elle me regarda pourtant à la dérobée. Je trouvai son frère Lucien un peu embarrassé: on eût dit que ma présence le gênait. Il porte le costume républicain : c'est une anomalie étrange dans une maison de haute banque. Du reste, il a l'air distingué ; sa politesse est plus dans ses réflexions que dans son maintien ; il ressemble de ce côté à nos jeunes compatriotes, auxquels on a parlé d'urbanité de circonstance, en oubliant de leur inspirer celle de toute saison. Je ne sais trop si nous nous conviendrons réciproquement ; je ne suis pas prévenant, c'est mon défaut ; je tâche de le remplacer par beaucoup d'obligeance ; mais le caractère l'emporte au fond toujours.

» Lorsque la rumeur occasionée par la découverte de ce qu'était mon mince individu, fut apaisée, lorsque les gros colliers de la finance eurent reconnu que mes spéculations seraient sans influence à la bourse, lorsque madame Saint-Olben eut épuisé les questions d'usage, touchant ma famille, qu'elle tâchait, du mieux possible, de confondre avec la sienne, je présumai que la liberté me serait rendue; mais point. La tante de ma sœur parla d'aller sur-le-champ s'informer, par elle-même, de la santé de mon aïeule; il me fallut combattre ce désir en lui apprenant que la marquise d'Armanseine s'était couchée en arrivant, et qu'une visite à heure presque indue pour elle la sortirait d'un premier sommeil, dont elle avait besoin; j'eus à combattre la fantaisie de la dame, qui tenait à fournir cette preuve de son usage du monde. Enfin je l'emportai avec l'aide du vicomte d'Urtal, qui se joignit bravement à moi.

» Ce point débattu à mon avantage, il fallut passer au second. Il s'agissait de me retenir le reste de la soirée, pour faire à tout survenant l'exhibition du prince de Courtenai; mais cette fois encore je triomphai avec le même concours. J'obtins la permission que je sollicitais, celle de fuir vers mon lit. Je dus, par forme d'accommodement, souffrir que le banquier me fît les honneurs du logis jusqu'au bas de l'escalier, et que son fils les prolongeât jusqu'à la porte de la rue. Là, il me quitta très-surpris de ce que j'étais à pied, et me fit la question presque impertinente qu'à Paris on adresse trop souvent aux gens:

— Vous êtes au moins venu en voiture?

— Oui, repartis-je, depuis le Palais-Royal jusqu'ici; car j'ai pris une Diligente...

— Une Diligente! prince?

— Oui, monsieur, comme maintenant je vais profiter de cette Batignolaise qui passe.

» Je dus paraître bien peu de chose à M. Lucien. Il était neuf heures et demie, quand j'atteignis l'hôtel d'Aubeterre: la marquise m'attendait avec mon oncle et ma sœur. Je fus vivement questionné sur tout ce monde : j'en fis l'éloge. Il y a un moyen de voir toujours favorablement ceux dont on n'a pas à se plaindre ; j'assurai ma mère que si j'avais voulu, j'aurais amené auprès d'elle, ce même soir, non-seulement tous les Saint-Olben ; mais encore, par dessus le marché, leur société entière, à tel point ces bonnes gens avaient faim et soif de s'accointer à ces maisons ridicules par leur prétentieuse antiquité.

» Nous causions encore, lorsqu'un domestique vint prévenir mon oncle qu'on le demandait chez lui. Il sortit ; je restai avec Hélène et la marquise, et le comte rentra au bout de demi-heure. Il avait reçu la visite du baron d'Urtal, qui, charmé de le savoir à Paris, était accouru pour l'en féliciter et l'embrasser en franc ami. Nous laissâmes notre mère, le moment de son repos étant sonné. Hélène entra dans sa chambre ; je suivis mon oncle dans la sienne. Là, il me dit que mon apparition inattendue chez les

Saint-Olben y avait mis une perturbation entière. J'avais fait du premier abord la conquête de ces gens-là et de leurs amis; on m'avait trouvé un prince de fort bonne composition; car je n'avais commis aucune impertinence.

» Nous rîmes, mon oncle et moi, de la surprise manifestée. Le comte me dit qu'il avait demandé à M. d'Urtal si les princes de la connaissance des Saint-Olben avaient pour usage de se montrer grossiers, et que le vicomte lui avait répondu :

— Ces messieurs et dames n'ont jamais approché que les princes de l'empire, un peu raides à cause de la nouveauté, et puis, attendu que leur unique lecture est le Constitutionnel, ils se sont doucement laissé nourrir dans la croyance que les hommes d'autrefois étaient ce que sont les banquiers et les avocats d'aujourd'hui. L'épigramme nous a paru plaisante.

X.

DES GENS D'AUJOURD'HUI EN VISITE CHEZ DES GENS D'AUTREFOIS.

○

Nous nous consolons rarement
des grandes humiliations : nous les oublions.
VAUVENARGUES.

○

Il était à peine dix heures du matin, lorsque la sonnette de la chambre à coucher de madame Saint-Olben fut agitée avec violence, et porta une sorte d'effroi dans l'appartement des femmes de la financière. La première camariste, bonne personne, haïe de tous, bien qu'elle ne dît jamais du mal que des absens, accourut à l'appel inattendu, tandis que ses deux compagnes la suivaient un peu moins vite, afin de ne pas empiéter sur ses droits. Madame Jarmin avait suivi sa maîtresse dans les phases de sa fortune; elle aurait pu écrire son journal exact, et savait force secrets que la dame ne s'avouait peut-être pas à elle-même. Investie de sa pleine confiance, admise en son conseil intime, il lui était permis, non de tout dire, mais du moins de dire beaucoup. Les autres domestiques la détestaient trop pour ne pas la cajoler avec une bassesse qui n'existe que parmi la livrée et à la cour; on lui prodiguait en face les flatteries, et on la maudissait dès qu'elle avait tourné le dos. Il faut avouer que sa suprématie n'était pas douce; qu'elle gouvernait avec despotisme l'office à l'instar de sa maîtresse; tyran en jupes du reste de la maison.

Madame Jarmin entra donc la première chez la financière, et tandis qu'une de ses acolytes ouvrait à moitié un contrevent, elle, s'approchant du lit, se mit à dire:

—Eh! mon Dieu, madame est-elle malade? à peine s'il est jour; dix heures ne sonnent pas encore aux pendules de l'hôtel.

—J'ai mal dormi, selon ma coutume; mais, ma pauvre Jarmin, dois-je me donner le loisir de suppléer au sommeil par le repos, lorsqu'il conviendrait que déjà je fusse levée, habillée et sortie?

— Sortie! madame, avec le temps humide qu'il fait, courir le danger de vous enrhumer. Non, certes, vous ne commettriez pas cette imprudence; et, dans tous les cas, je suis là pour m'y opposer.

— Pauvre Jarmin! tu es une bonne fille; mais il faut que je m'exécute. Ma nièce, la princesse de Courtenai, arriva hier. La princesse de Courtenai, sa grand'mère, veut la conduire aujourd'hui chez moi : il convient que je prévienne cette dame respectable.

—Eh! pourquoi, madame, s'il vous plaît? Est-ce que la révolution n'est pas faite? La noblesse maintenant est tuée, ou pour mieux dire n'existe plus que dans la banque et le haut commerce. Monsieur va être pair et ministre; et moi, à votre place, j'attendrais ici ces petites gens d'autrefois.

— Je... craindrais... on pourrait me soupçonner de fierté... D'ailleurs, puisque nous sommes tous égaux, il faut se montrer selon la circonstance; on me saura gré au Palais-Royal de mes égards pour des personnes alliées à la famille du roi des Français.

— Comment! madame, ces messieurs de Courtenai sont de la branche cadette.

— Cadette, aînée! peu importe, ils sont du sang royal.

— Alors, je ne dis pas; et ces dames princesses ont-elles des femmes-de-chambre de bon ton?

— Je ne sais; tu les verras, au reste, tu leur feras les honneurs de la maison.

— Je... Je tiendrai mon rang comme elle le leur... Et madame va sortir.

—Dès que je serai habillée, envoyez prévenir monsieur que je suis prête, afin qu'il le soit lui-même quand je voudrai partir:

qu'on avertisse Athénaïs de se hâter, et qu'on aille chez mon fils afin qu'il se dépêche.

Une des femmes présentes se détacha, passa dans l'antichambre, expédia deux valets, un chez le banquier, *monsieur* par excellence dans la maison ; l'autre auprès de Lucien, alors en grande conférence avec Lomont.

— Mais, monsieur, disait celui-ci, comment feriez-vous entre la princesse de Courtenai votre cousine, et cette... cette demoiselle que vous avez... (il s'arrêta malignement, puis poursuivit) que vous avez recommandée à votre père.

— J'épouserai l'une.

— Si on vous la donne.

— Tu vas recommencer !

— Non, je persiste seulement et pas davantage ; et dans le fait, que vous importera un refus, puisque vous aimez mademoiselle de Merseil ?

— Je ne l'aime pas, répondit Lucien en

rougissant, j'en rafolle, à la bonne heure; elle est si belle, si séduisante!

— Si franche, et sera si fidèle, murmura entre ses dents le valet insolent, parce qu'il connaissait la faiblesse de son maître. Lucien avait besoin de son assistance; aussi ne voulut-il pas entendre son propos, il continua le sien.

— Oui, je sens mon cœur ému au seul penser qui me porte vers Eugénine; celle-là m'aimera-t-elle, Lomont?

— Qui pourrait avoir plus de droit à lui plaire! où trouverait-elle mieux que vous, monsieur, pourvu qu'en vraie femme elle n'aille pas s'attacher à quelque drôle comme il y en a tant.

— Oh! si je le croyais... mais pourquoi me tromperait-elle?.... elle est libre.

— Sans doute; mais, monsieur, vous ne passez pas votre habit, déjà votre mère a envoyé savoir si vous étiez prêt; elle a une vive impatience de se rapprocher de sa nièce.

— Oui, oui... tandis que moi... Eh bien ! misérable, tu es cause que je vais vers ma cousine avec dégoût.

— Moi! monsieur, je vous ai dit qu'elle est belle et aimable; est-ce là comment il faut s'y prendre pour vous éloigner de quelqu'un?

— Tu m'as affirmé qu'on me la refuserait!

— Et ceci est vrai...

— L'infâme scélérat! s'écria Lucien avec impatience; il est enfourché sur cette injure, et n'en descendra pas.

Lomont qui riait au fond de son âme du trouble qu'il était parvenu à jeter dans celle du jeune homme, reconnut qu'il fallait user de ménagement en cette circonstance, et se mit à dire :

— Est-ce ma faute si les Courtenai sont tels que je les dépeins; peut-être qu'ils changeront en présence de votre mérite.

— Coquin!

— Eh bien! vis-à-vis de votre argent, cela vous convient-il mieux? Il est vrai qu'on a vu des mariages conclus qui, dans le principe, présentaient de bien plus grandes difficultés... et à ce propos, monsieur me permettra-t-il de lui demander son opinion sur le frère de votre cousine ?

— Je ne l'aimerai point.

Lomont, malgré sa dissimulation profonde, ne sut pas retenir un mouvement de joie; mais, s'il lui échappa vite, il ne mit pas plus de temps à le dominer; puis il dit :

— C'est un fier seigneur.

— Il vint, hier, fait comme un brigand de mélodrame, avec des bottes crottées, un pantalon large, un gilet coupé à la mode de 1827, et un chapeau qui d'honneur montrait la corde. Je vis clairement que M. de Courtenai, comptant sur sa princerie, avait jugé inutile de se mettre en frais pour de petites gens, tels que nous... Mais qu'il ne s'y trompe point : je suis républicain; je me moque de la noblesse, elle ne peut m'en imposer...

Ici un second message de sa mère pour exciter Lucien à terminer sa toilette et à se rendre auprès de son père, qui, habillé depuis long-temps, attendait, en comptant des rouleaux d'or, que sa femme fût prête ; il dut patienter encore. Enfin, Athénaïs vint elle-même annoncer que sa mère descendait déjà le grand escalier. Il fallut courir après elle, et cet épisode donna naissance à une querelle entre les deux époux; elle fut prolongée jusqu'au moment où la voiture tourna dans la cour de l'hôtel d'Aubeterre.

Un domestique, vêtu d'une livrée véritable aux galons blasonnés, ouvrit la porte du péristyle, où s'arrêtèrent le chasseur et les deux grands laquais des Saint-Olben; ceux-ci entrèrent dans une suite de pièces meublées avec une vieille magnificence. C'étaient des tapisseries de Flandre, soie, or et argent; des cabinets, des tables, des armoires en boule, chargés de porcelaines du Japon ou du vieux Sèvres; des fauteuils de velours, aux bras dorés; quelques portraits de famille, où l'on remarquait des maréchaux de France, des dignitaires de l'Eglise, des chevaliers *de l'or-*

dre du Roi. Madame Saint-Olben, tout en ayant l'air de rire des physionomies étranges de ces *messieurs* et de ces *dames*, les aurait échangées volontiers contre les tableaux précieux qui ornaient son appartement. Il fallut, dans un grand salon, se démêler du labyrinthe formé par plusieurs paravents de laque, pour arriver à la porte d'une dernière salle, la chambre à coucher. Ici le domestique, élevant la voix, annonça gravement messieurs, madame et mademoiselle de Saint-Olben.

La marquise d'Armenseine était seule en ce moment; Hélène venait de sortir avec madame d'Aubeterre pour aller entendre la messe à Saint-Thomas-d'Aquin; le baron de Courtenai avait pris sa volée, ayant quelques anciens amis à revoir. Les Saint-Olben entrèrent un peu décontenancés, car la conscience du père et de la mère leur reprochait un peu l'oubli dans lequel ils avaient laissé leur propre nièce; ils s'attendaient à la rencontrer au premier abord, et à essuyer, de la part de madame de Courtenai, certains de ces reproches indirects qui n'en sont pas moins amers; mais ils connaissaient peu la marquise. Son début fut tout d'obligeance; elle s'excusa de n'être pas déjà en course pour amener Hélène dans leur hôtel, se retrancha sur son grand âge, et les remercia de la forme affectueuse de leur invitation; elle ajouta combien sa petite-fille serait fâchée de ne pas s'être rencontrée au logis pour recevoir ses bons parens qui daignaient la prévenir.

Ces propos furent accompagnés de tout ce que la politesse a de plus délicat et les prévenances de plus agréable; il ne fut pas possible de saisir, dans la conversation de cette dame respectable, un mot équivoque, une phrase qui présentât une ombre de persiflage, d'orgueil de caste ou de mécontentement. Les Saint-Olben avaient trop vécu dans le monde pour ne pas reconnaître en ceci un mérite extraordinaire; l'embarras qui les avait accompagnés jusqu'à ce moment disparut par degré, à tel point la marquise d'Armenseine possédait l'art de mettre les gens à leur aise.

Lucien et sa sœur furent à leur tour enchantés de ce qui leur fut dit, ils trouvèrent dans madame de Courtenai un attrait que, jusqu'à cette occasion, la vieillesse n'avait point su leur inspirer, elle se présentait gracieuse, indulgente, point revêche ni frondeuse; on leur parla de ce qui intéressait leur âge, leur sexe : des mots approbateurs, des réflexions sans aigre malignité, leur prouvèrent qu'une personne de haute condition n'a pas la sotte pensée de régenter le genre humain : celle-là demanda à Lucien sa bienveillance pour le baron de Courtenai, et au frère et à la sœur leur tendre amitié pour elle.

Ce fut avec autant d'adresse que de discrétion que la marquise se défendit de parler politique; deux fois le banquier, en homme sans mesure, voulut l'amener sur ce terrain, elle se refusa à l'y suivre, et cela avec une urbanité diplomatique digne de remarque. Les Saint-Olben, enchantés de tant d'amabilité, ne s'aperçurent point de la course du temps; ils exprimaient leur vif désir de posséder bientôt leur nièce, luttant à ce sujet avec l'aïeule, qui voulait conserver Hélène encore auprès d'elle pendant quelques jours, lorsque celle-ci entra soudainement. La financière, à son aspect, ne put retenir un cri d'admiration à tel point elle fut enchantée de son ensemble si pur, si séduisant. Athénaïs, quoiqu'elle sentît arriver la fin de son empire du moment où elle serait comparée à sa cousine, fut contrainte, par une impulsion involontaire, à proclamer la supériorité de celle-ci.

M. Saint-Olben lui-même fut aussi entraîné par tant de grâce et de perfections, son cœur battit tout comme lorsqu'à la Bourse il décidait une hausse ou une baisse à la faveur d'une manœuvre adroite dont il dirigeait les mouvemens.

Lucien fut le seul à demeurer immobile

et à se taire. On l'aurait pris pour une statue endormie dans une niche funéraire, si tout-à-coup une pâleur subite n'eût remplacé les vives couleurs, qui d'abord avaient couvert ses joues. Son empressement à baisser les yeux interdisait de le consulter sur les impressions de son âme, et il s'avança machinalement, le corps frissonnant et la vue éteinte, lorsque, sur la permission de la douairière de Courtenai, il fut autorisé à embrasser sa charmante cousine.

Hélène, de son côté, accueillit ses parens, avec autant de candeur que de bonne foi; elle ne manifesta ni un empressement calculé, ni une retenue encore plus décidée à l'avance. Elle vint à eux franchement, remplie du vif désir de les aimer, pour peu qu'ils voulussent de sa tendresse. Point hardie, point boudeuse, moins encore embarrassée, elle sourit du fond de son âme, et l'expression qu'elle mit à demander à Athénaïs une part sincère dans sa tendresse, prouva qu'elle pensait ce qu'elle disait. Elle alla même plus loin ; car, pour la première fois de sa vie, Hélène osa exprimer un désir opposé à la volonté exprimée de son aïeule, celui de suivre sa tante insistant alors pour l'amener avec eux.

Hélène témoigna une envie extrême de lui être agréable. Ses paroles affectueuses et pour la famille maternelle, et pour celle de son père, prouvèrent à l'une et à l'autre combien elle tenait à ne pas les mécontenter. La marquise vaincue par son amabilité céda, bien à regret sans doute.

— Je vois, dit-elle, que le sacrifice doit être consommé de ma part, et puisqu'Hélène décide ce que nous devons faire, je ne la démentirai pas. Ma chère enfant, vous allez entrer dans un monde nouveau; je suis persuadée que votre tante vous aidera de son expérience pour en éviter les écueils; demandez-lui ses conseils, elle ne vous les refusera pas, sans préjudice des miens que je vous accorderai toujours.

Madame Saint-Olben se confondit en

protestations d'attachement et de vigilance.

— C'est un trésor que je vous confie, un vrai trésor, repartit la marquise; ma fille n'a vu la société que de la cîme ruinée des créneaux du château de Courtenai. C'est l'avoir contemplée d'un peu loin, je redoute son inexpérience; mais la vôtre, madame, et la nôtre en renfort y suppléera. Chère Hélène, vous avez fait ma joie et mon bonheur, depuis votre naissance; qu'il en soit de même jusqu'au jour qui ne peut être éloigné.

Madame d'Armenseine prononça ces paroles solennelles et tendres tout à la fois d'un ton si ému et avec une expression si touchante, qu'elles retentirent dans le cœur des assistans. Les beaux yeux d'Hélène se remplirent de larmes : elle se tourna vers son aïeule, et, s'agenouillant à ses pieds, lui demanda sa bénédiction, en lui promettant qu'elle reviendrait semblable à ce qu'elle était en ce moment.

— Dieu le veuille, ma fille, dit la douairière en étendant les mains sur son front, que les saints anges vous protégent, vous en êtes digne; c'est un aveu dont je dois vous honorer.

Elle acheva, et baisa doucement au front Hélène, qui se releva avec autant de grâce qu'elle en avait mis à s'incliner. Les Saint-Olben, transportés dans une région inconnue par ces formes si nouvelles, ne sortaient point de l'état de surprise où elles les jetaient : nul d'entre eux n'avait l'idée d'un tel mélange de supériorité et de candeur, de piété profonde et d'un usage si exquis des devoirs sociaux. Leur esprit, naturellement porté à la malice et au persiflage, s'éteignait au milieu des sensations imprévues qu'avait fait naître en eux la demande de la bénédiction maternelle; et à la manière dont elle venait d'être donnée, il était impossible de taxer d'orgueil tant de modestie, et d'appeler hypocrisie la conviction de cette femme supérieure, persuadée qu'en ce moment elle tenait la place du ciel.

Un long instant de silence s'ensuivit. Il donna aux acteurs et aux spectateurs de cette scène extraordinaire, le loisir de rentrer dans la vie ordinaire. Celui qui eut le plus de peine à échapper à cet enthousiasme peu commun, fut Lucien... Lucien étonné, confondu, hors de lui, ne voyant, n'entendant que sa cousine, se rappelant les prophéties sinistres de son valet, et avouant, avec une sorte de désespoir anticipé, qu'un refus des Courtenai serait possible; tout de leur part devant lui paraître croyable à la suite de ce qu'il venait de voir.

La marquise ayant donné son consentement au départ de sa petite-fille, celle-ci demanda à sa tante la permission d'aller dans sa chambre faire quelques préparatifs d'urgence, et renfermer dans sa malle le linge qu'elle devait emporter. Sa cousine voulut la suivre; elles sortirent ensemble. Le banquier, pendant ce temps, ayant renouvelé des invitations étendues à toute la famille, prit congé de la marquise, prétextant de ses nombreuses affaires, et partit, avant le reste des siens, dans le cabriolet de son fils, qu'il avait fait suivre par mesure de précaution.

Sa femme et Lucien demeurèrent avec la marquise. Le comte de Lombel entra peu après; la mère le présenta aux parens d'Hélène, et la conversation ne languit pas entre ces quatre personnages.

Georges le Klephte, surpris de la grandeur de Paris, qu'il ne connaissait encore que très-imparfaitement, se préparait de sortir avec un domestique de la maison chargé de lui faire parcourir les principaux quartiers; il s'était vêtu avec une coquetterie innocente de ses plus beaux vêtemens, dont les couleurs vives et variées ajoutaient un nouvel éclat à sa beauté peu commune. Fier d'être si superbement habillé, et accoutumé à la bienveillance de la famille de Courtenai, il entra sans précaution préliminaire dans la chambre d'Hélène, au moment où celle-ci finissait de remplir un carton de divers objets qu'elle allait emporter.

Georges devina sur-le-champ que mademoiselle de Courtenai allait se séparer de ses proches et de lui-même. Tout aussitôt un changement subit s'opéra sur son visage radieux; ses traits prirent une expression violente de déplaisir et de souffrance; des larmes roulèrent de ses yeux, et, laissant tomber ses bras le long de son corps, comme si la fatigue morale l'eût accablé, il se plaça en face d'Hélène, et d'une voix altérée :

— Où vas-tu? demanda-t-il.

— Où je dois aller! mon bon Georges, répondit Hélène avec douceur, chez ma tante qui me réclame, et avec ma cousine que voilà.

Le jeune Grec porta sur Athénaïs un regard sombre qui n'attendrit pas la joliète de cette jeune personne; puis se retournant vers Hélène :

— Tu pars et tu me laisses, et tu ne veux

plus de l'amitié de Georges et de ses soins.

— Qui t'inspire cette folle idée, enfant que vous êtes? je ne serai chez ma tante qu'en passant, je reviendrai bientôt auprès de mes parens.

— Tu pars, reprit Georges en secouant tristement la tête, tu pars, voici ce qui est certain ; chaque minute de ton absence pèsera sur mon cœur comme un poids de fer : le supporterai-je? je ne sais.

La voix de Georges avait des inflexions si déchirantes, ses traits exprimaient si vivement l'état de son cœur, que la légère et futile Athénaïs ne put s'empêcher de regarder avec pitié une si charmante créature; elle ne comprenait pas quels pouvaient être ses rapports avec les Courtenai, et, venant à lui, et le prenant par les mains, familiarité excusée par sa frêle apparence, sa juvénilité, et, je le répète, son ensemble, qui ne permettait pas de lui attribuer plus de douze ans:

— Vous aimez donc bien ma cousine, bel enfant? lui dit-elle.

— Enfant! répondit-il en frappant du pied la terre, enfant, voilà ce qu'on me répète toujours! est-ce la taille qui fait les hommes? je croyais, moi, que c'étaient les sentimens.

Il s'arrêta, et, rougissant de sa mauvaise humeur, qu'un regard d'Hélène venait de blâmer, il garda un instant le silence; puis, relevant avec lenteur son front assombri, il ajouta :

— Oui, j'aime Hélène, c'est ma sœur, et combien elle doit m'être chère! j'en avais d'autres sœurs; j'avais un père, une mère, des frères; le sabre turc me les a ravis... Ah! mille fois la mort aux infidèles, moi la leur donner chaque fois, puis expirer de plaisir!

— Georges!

— Veux-tu que j'oublie cette scène sanglante, ces flammes qui embrâsaient notre maison, ces cris aigus de toute ma famille, ces adieux déchirans, les imprécations de nos bourreaux? Non, non, jamais, et pourtant Éleuthère m'a rendu la vie. Éleuthère, mon jeune père, mon frère bien-aimé ! et toi, Hélène, tu me fuis, tu laisses Georges... Oh! que Paris va m'être odieux !

Plus le Grec exprimait son affection impétueuse, plus il charmait Athénaïs; c'était d'ailleurs pour cette Parisienne un personnage neuf, un être différent de tous ceux jetés dans le même moule, et dont elle ne cessait d'être environnée : elle calcula à part soi combien la présence de Georges donnerait de la variété à la monotonie de l'hôtel Saint-Olben, et, bien certaine de n'être pas désavouée par les siens, elle prit la main de l'adolescent.

— Seriez-vous bien aise, lui dit-elle, de rester avec ma cousine?

Un coup-d'œil ardent de Georges suffit à sa réponse ; mais en même temps une anxiété pénible remplaça sur ses traits un chagrin profond.

— Si vous le vouliez pour lui, dit Athénaïs, je vous l'amènerai avec elle.

— Partons ! s'écria Georges.

Hélène prenant la parole, témoigna quelque crainte de l'embarras que Georges occasionnerait : lui l'écoutait parler avec une impatience toujours croissant.

— Je me nourrirai à mes frais, s'écria-t-il ; enfin Éleuthère m'a donné assez d'argent pour que je vive sans être à charge à personne : je dormirai bien sur un escalier, sous les toits, quelque part. Va, sois tranquille, Hélène ; je ne me fâcherai jamais, je jouerai sans bruit. Oh! ma bonne Panagia, je t'en conjure, cesse de t'opposer au bonheur de Georges, ne lui dis pas reste ici!

— Monsieur, dit Athénais avec autant de gaîté que de malice, lève d'ailleurs toutes les difficultés, et dès qu'il ne sera à notre charge, ni pour le logement, ni pour la nourriture, il me semble qu'il ne nous peut gêner aucunement.

Georges, malgré sa naïve simplicité, comprit sans peine qu'on se moquait de lui ; il craignait que l'offre de le prendre à la suite d'Hélène ne fût une autre plaisanterie, et il le demanda timidement.

— Non, répliqua mademoiselle Saint-Olben, tandis qu'elle caressait de la main sa chevelure d'ébène; non, mon bel ami, je ne songe pas à vous abuser ; ma famille vous recevra avec plaisir, pourvu que celle de Courtenai consente à se séparer du beau Georges.

— Ah! repartit celui-ci vivement, lorsqu'elle cède sa perle, tiendrait-elle à retenir un pauvre abandonné!

— Cependant la joie brilla dans les yeux du jeune Grec; il se pencha vers Athénaïs dont il prit les mains, qu'il baisa à diverses reprises; puis descendit avec elle, afin d'aller plaider lui-même sa propre cause devant madame d'Armenseine, dont il craignait un refus. Ce malheur ne lui arriva pas : la financière, charmée de faire quelque chose d'agréable à sa nièce et peut-être au reste de la famille, partagea avec tant de chaleur le désir d'Athénaïs, que la marquise, vaincue, donna son consentement; elle recommanda à Georges la discrétion, la retenue, le menaça de la colère du baron de Courtenai, s'il n'était pas sage, menace que corrobora le comte de Lombel. Le Klephte, enchanté de suivre Hélène, s'engagea par un serment sacré, par la tête de son père, que lorsqu'il reviendrait de sa nouvelle demeure on n'aurait aucun reproche à lui adresser. Ceci arrêté, et Hélène, ayant pris congé de la comtesse d'Aubeterre et embrassé Thérèse Moline, sortit avec sa tante, sa cousine et son cousin, que Georges accompagnait, manifestant une satisfaction non équivoque.

La vieille Moline, à l'instant où Hélène lui faisait les derniers complimens, lui dit :

— Souvenez-vous, mon enfant, de ce que les cartes m'ont annoncé pour vous.

XI.

L'AMOUR VIENT.

On aime sans savoir pourquoi ;
on cède à un entraînement dont on commence
par ne point se défier, et qu'ensuite on conserve souvent
par vanité; car dans l'amour il y a beaucoup
d'amour-propre.
Recueil de Maximes.

Il y avait long-temps que Lucien Saint-Olben demeurait, à demi-habillé, appuyé contre une des fenêtres de la chambre, debout et immobile, attaché à regarder ce que certainement il ne voyait pas; une mélancolic sombre couvrait son visage, son front se ridait parfois machinalement, et sur ses yeux il y avait comme un voile qui en altérait l'éclat.

Lomont, placé devant lui, tenant à la main la redingote élégante que le jeune homme allait vêtir, attendait aussi sans faire aucun mouvement et avec une patience maligne, mais complète, la détermination que son maître prendrait enfin; celui-ci, sans s'apercevoir si le valet était là, continuait ou de poursuivre le cours de ses réflexions, ou d'examiner ce qui se passait peut-être dans un autre appartement de la maison. Il paraissait que rien ne l'occuperait de tout ce qui ne se rapporterait pas uniquement à sa pensée dominante. Il y avait deux jours qu'il affectait ces manières étranges, ce chagrin cuisant auquel il était en proie. Lomont, accoutumé à avoir avec lui des conversations fréquentes, n'avait pu depuis ces deux jours en obtenir une seule parole, et même s'était aperçu que son service cessait d'être agréable, ce qui inquiétait cette âme vile charmée d'être dans une si bonne maison, et à un service autant lucratif.

Lomont, bien que Lucien ne lui eût rien appris de ce qui l'émouvait aussi profondément, en avait déjà deviné la cause ; elle lui était trop agréable pour qu'il cherchât à l'éloigner ; mais ce qu'il voulait avant tout, c'était d'être perpétué dans la confiance de son maître ; il ne fallait pas la demander brusquement, il convenait d'attendre ; car un jeune homme, dont le cœur est rempli d'une passion véhémente, n'a que trop le besoin de causer de ce qui l'agite à un si haut degré.

Cependant deux jours s'étaient écoulés, et Lucien se taisait encore. Il n'avait pourtant renoncé à aucune de ses habitudes : il sortait, voyait ses amis, visitait Eugénine ; mais il apportait partout une inattention extrême, une amertume étrangère à ses propos, quelque chose de vague, de gêné, de l'inquiétude, et surtout une impatience sans bornes. Ses amis s'en apercevaient, et ne lui en demandaient pas la cause, par égard ou par irréflexion. Mademoiselle de Merseil, plus habile qu'eux et plus clairvoyante, s'épouvanta de ces symptômes, dont sa perspicacité lui faisait apprécier le motif. Cette créature astucieuse avait dit vrai en partie à Lucien. Son père, homme de rien, n'avait jamais épousé sa mère. Il s'était mis à perdre au jeu une fortune rapidement acquise dans des fournitures aux armées de la république; et depuis sa mort, qu'un crime avait hâtée par la nécessité de se soustraire à la rigueur de la justice, Eugénine, libre de sa destinée, en avait usé et mésusé. Agée alors de vingt-cinq ans et s'en donnant vingt, ce que lui permettait sa beauté merveilleuse, elle avait eu force aventures et peu de bonheur. Descendue, malgré ses rouéries, jusqu'au dernier degré des femmes de son espèce, elle s'était aventurée à tenter un dernier effort, en cherchant à nouer une intrigue sous un prétexte spécieux, avec le fils du riche banquier Saint-Olben. Elle avait réussi en partie: Lucien l'aimait, ou plutôt croyait l'aimer ; il se figurait posséder en elle une personne demi-honnête, demi-perdue, le tenant néanmoins dans une sorte de réserve louable, n'ayant qu'une seule inclination, et gardant de la retenue dans le vice.

Lucien, de même que beaucoup d'hommes, n'en exigeait pas davantage, se confiant, pour le reste, sur son propre mérite et sur cette étoile favorable qui ne doit jamais pâlir, prétendent les jeunes gens. Lomont avait été nécessairement mis de moitié dans la confidence de cette passion nouvelle, et dès que la connaisseuse Merseil l'avait vu, elle s'était assurée qu'il fallait traiter avec lui, sans se compromettre pourtant. Une manière de pacte avait donc eu lieu entre ces deux êtres dégradés; le valet trouvait là une mine d'or à exploiter, puisque des deux parts on remplirait sa bourse, et Eugénine s'attachait un auxiliaire puissant très en position de combattre pour elle à toute heure de la journée.

La première preuve que Lomont donna de son dévoûment fut de communiquer à Eugénine le projet de mariage formé par les Saint-Olben, relativement à deux fils et à mademoiselle de Courtenai. Une union légitime, conclue avec une personne ordinaire, de toutes façons, aurait peu inquiété cette créature; mais le tableau que Lomont se complut malicieusement à lui faire des charmes et des avantages de mademoiselle de Courtenai, tracassa Eugénine jusqu'au fond de son âme; elle comprit ce qu'une personne ainsi faite prendrait d'ascendant sur l'esprit de Lucien, que ce dernier ne balancerait pas à sacrifier sa maîtresse à la fille des Courtenai, et Eugénine redoutait le moment où le parallèle s'établirait entre elles deux.

Toute occupée de cette frayeur, elle avait envoyé chercher le matin même, de très-bonne heure, Lomont, afin d'apprendre de lui où en étaient les choses, et ce qu'il fallait craindre ou espérer.

— Rien de bon, répondit-il, madame, rien de consolant pour l'avenir; car, depuis que mon maître a vu sa cousine il a changé de langage, d'expressions, et presque de vie. Je m'étais toujours moqué de ces coups rapides et de sympathie : désormais je ne saurais qu'en dire. M. Lucien est amoureux passionné de mademoiselle de Courtenai.

— Que Satan vous en préserve, répliqua Eugénine en se livrant à une agitation extraordinaire; il serait perdu pour moi. Elle est donc bien belle, cette jeune fille !

Lomont fit un geste d'admiration, et l'intrigante pâlit; puis, s'asseyant à cause de la faiblesse qui venait de la saisir:

— Ainsi le mariage qu'il souhaite sans doute aura lieu promptement?

— Non pas, s'il vous plaît, repartit Lomont.

— Un peu plus tôt, un peu plus tard, il

s'accomplira ; vous disputez de quelques jours.

Lomont hocha la tête.

— Mais il sera conclu enfin ?

— Jamais.

— Jamais ! bon Lomont, as-tu dit ?

— Oui, madame, jamais, je répète.

— Et pourquoi, pauvre garçon, as-tu cette idée qui s'opposerait à ce que veulent les Saint-Olben ?

— Je ne le sais, répliqua le domestique en hésitant d'abord; mais, puis ensuite, achevant de triompher de soi-même dans le combat intérieur où la prudence avait commencé par être vaincue, il acheva d'un ton plus ferme : Je ne peux croire que les Courtenai consentent à donner leur fille à un homme sans nom.

— Sans nom ! dites-vous ? lui, le fils du plus riche capitaliste de France! Si votre opinion sur l'impossibilité de cette alliance repose sur ce seul point, vous n'avez qu'à en chercher un autre, celui-là sera bientôt détruit, fou que vous êtes! Les Courtenai refuseraient un parti si magnifique, si rare! que seraient-ils donc?

— Ce qu'ils sont, une vieille branche de la famille royale.

— Ils trouveront dans leurs parens des exemples d'amour, des espèces.

Lomont secoua la tête.

—La fierté des Courtenai est connue.

— Et ne me rassure pas, ajouta Eugénine; il faut, plus encore, pour que mon effroi se dissipe. Mon cher Lomont, je vous en conjure, avertissez-moi de tout ce qui se passera, et je n'oublierai pas de récompenser un pareil service.

Le valet promit une fidélité à toute épreuve aux intérêts de cette femme sans mœurs, et partit précipitamment de chez elle pour arriver à temps au-devant de son maître. J'ai décrit, au commencement de ce chapitre, ce qui se passait dans la chambre de Lucien, avant que celui-ci fût habillé en entier. Il continuait à persister dans cette espèce d'atonie intellectuelle, qui n'est pas du repos pour l'âme; elle n'est au contraire jamais plus violemment agitée que dans ces occasions. Il paraissait exister hors de la vie commune. Tout-à-coup il fit un mouvement d'impatience ou de douleur, ramena ses bras sur sa poitrine, les y croisa fortement, puis se mit à marcher à pas précipités, et, semblable à un insensé en plein divorce avec la raison humaine, des mots entrecoupés échappèrent à sa bouche, des mots inintelligibles pour tout auditeur, mais qui répondaient parfaitement juste aux questions mentales que lui-même adressait à son cœur.

Il s'arrêta au milieu de la chambre, et, se tournant vers Lomont, attaché à examiner ses mouvemens désordonnés :

— Où suis-je? lui demanda-t-il.

— Chez vous, monsieur, et en bras de chemises, et depuis assez de temps il fait froid et humide. Habillez-vous au moins.

— Froid, dis-tu, froid? et il y a ici une chaleur étouffante. Je sens un poids ardent peser sur ma poitrine : ah! donne-moi de l'air.

— Revêtez, monsieur, votre redingote, et puis j'ouvrirai une fenêtre.

Lucien le laissait faire; il était rentré dans sa morne mélancolie : ce ne fut que pendant une minute :

— Est-ce que ma cousine ne vient pas de m'appeler?

— Non, monsieur.

— J'ai cru l'entendre... Oh! non, elle ne songe pas à moi... je suis pour elle son cousin... un étranger... et rien au-delà... cependant... Tu ris, scélérat, misérable, bandit! ose me répéter que je ne l'épouserai pas en légitime mariage!

Et en s'exprimant ainsi, Lucien saisissait son domestique, et le secouait rudement. Lomont comprit plus que jamais que l'heure serait mal choisie pour soutenir sa thèse première; il changea de forme de langage, et avec autant d'humilité que de conviction apparente, il dit :

— Il me semble que les Courtenai sont descendus du trône sur lequel ils se sont tenus si long-temps. Leur facilité à confier leur fille à votre mère me fait croire qu'ils ne refuseront pas davantrge de vous la donner pour femme.

— En es-tu bien persuadé? ou bien est-ce le désir de me plaire?... La flatterie me serait odieuse, je ne veux que la vérité.

— Et moi, répondit Lomout, je ne peux juger que sur les apparences; j'ai passé la première portion de ma vie à entendre parler et à voir par moi-même la hauteur des Courtenai; j'ai dû vous dire ce que je savais d'eux. Maintenant ils se présentent sous un autre aspect. La vieille douairière, un peu plus respectée dans le comté d'Auxerre que les reines et les impératrices de France, a consenti à reconnaître non-seulement la parenté de sa petite-fille avec vous autres, mais encore à vous confier et à vous amener elle-même, elle la grande dame de Courtenai, cette jeune personne. Je le vois, je dois le croire, et néanmoins j'en doute encore! Eh bien! que puis-je décider? que toutes mes idées sont renversées, que peut-être on vous prendra pour gendre dans une haute maison.

— Peut-être... peut-être... encore de l'incertitude; le drôle n'affirmera jamais!..: Eh bien! Lomont, écoute de tes deux oreilles ce que je vais te dire, ou je serai le mari de mademoiselle de Courtenai, ou elle et moi irons, avant peu, dormir dans la tombe.

— Monsieur... monsieur, vous êtes un homme, vous serez un héros! s'écria le valet avec une manifestation de joie infernale, qu'il ne prit point la peine de déguiser.

— Oui, Hélène deviendra ma femme : un refus n'est pas probable; je le déclare impossible. Il n'y en aura point. Je peux jeter des millions par les fenêtres; j'en couvrirai les Courtenai, j'enrichirai mon beau-frère;

je les ramènerai, par le chemin de la richesse, au point de départ de la grandeur antique d'où la fortune les a fait choir. Rien ne me coûtera pour me satisfaire.... comme aussi, poursuivit Lucien, en baissant la voix, tandis que sa figure prenait une expression effrayante, je ne reculerai devant aucun sacrifice propre à contenter ma vengeance; car alors je ne prendrai conseil que de mon désespoir.

— Vous n'aurez aucun besoin de lui demander ses avis, répondit Lomont, dont les traits, par contraste, rayonnèrent; je gage qu'avant un mois révolu, madame Lucien Saint-Olben fera son entrée à la cour du roi Louis-Philippe; vous y aurez un siége en qualité de cousin..... Et madame Eugénine sera-t-elle aussi heureuse que vous?

— J'espère rentrer pour son compte dans ce qui est dû par le gouvernement à son père, ce que certes elle devra à l'assistance du mien. J'ajouterai une somme égale à celle-là, et je me croirai noblement dégagé... C'est une bien belle femme.

— Et qui vous aime, monsieur; elle tient autant à votre cœur qu'à votre portefeuille.

Lucien sourit, et son imagination enflammée alla instantanément d'Eugénine à mademoiselle de Courtenai.

Tandis que cette scène avait lieu dans l'appartement de Lucien, le baron d'Urtal, quoiqu'à peine il fût jour, entra chez madame Saint-Olben. Leur vieille intimité excusait cette apparition matinale. Il était midi; il trouva son amie couchée, mais déjà plus qu'à demi vêtue, et dont le déshabillé et le manteau de nuit, chargés de dentelle, brillaient de toute leur fraîche blancheur; une marmote, adoucie par une riche maline, couvrait sa tête; un ruban rose tendre la nouait sous le menton.

Madame Saint-Olben tenait une gazette, qu'à peine elle pouvait lire à cause du jour faible que les volets entr'ouverts laissaient arriver dans la chambre. La financière, sur l'annonce de sa camariste, se retourna nonchalamment.

— Vous voilà, vicomte ! à quelle heure vous levez-vous donc ? j'admire ce courage qui vous lance, dès l'aurore, au milieu de la confusion de Paris. Ne vous informez pas de ma santé, elle est perdue ; je suis sans doute à faire horreur, et le moyen de se bien porter avec la vie que je mène et les chagrins qui me dévorent ?... Madame Leballier marie sa fille unique... A qui, vicomte ? à qui ? à un homme sans bien, perdu de mœurs, discrédité...

— Quel est son titre, ma chère amie ?

— Comment ! son titre ! est-ce que vous sauriez ?...

— Rien, je vous jure ; mais un personnage en pareille réputation ne peut qu'appartenir à une famille illustre.

— Pourquoi ?

— Parce que le commerce et la petite robe ne donnent jamais leurs enfans à un commis aisé et honorable, mais à un grand seigneur privé de fortune et de réputation : c'est ce qu'on appelle mettre en pratique les idées libérales.

Madame Saint-Olben, évitant de répondre directement à la phrase maligne et vraie du vicomte, se contenta de lui dire : C'est le duc de..... Savez-vous que l'alliance est superbe pour cette petite fille? la voilà cousine de tout le faubourg Saint-Germain. Elle aura le tabouret chez Louis-Philippe, et mieux encore, plus tard, chez Henri V. Que sa sotte mère va redoubler de hauteur et d'arrogance ! Il me semble lui entendre répéter mille fois en une soirée le duc mon gendre, la duchesse ma fille, le petit marquis, leurs enfans. En vérité il est affreux que l'on n'ait pas assez de sens, pour éviter ces alliances disproportionnées ; elles jettent la pleine perturbation dans la société.

— Mon opinion sur ce point est conforme à la vôtre : chacun devrait rester chez soi.

— La petite Leballier, duchesse! elle, élevée avec Athénaïs et ma fille, qui épousera-t-elle?

.... Un commerçant, un procureur-général du temps actuel qui, avant six semaines peut-être, reviendra tenir sa place au barreau, ou un général; car, par le temps qui court, pour nos filles, les grosses épaulettes sont le *nec plus ultra*, comme on dit en bon latin. Pauvre Athénaïs, combien il faudra qu'elle dévore de serpens! Elle devra céder le pas à cette péronnelle qui n'a qu'un million de dot, et nous donnerons à notre fille deux cent mille francs de rente par contrat... J'en mourrai, vicomte, j'en mourrai; je suis si bonne mère!

— A votre place, répliqua M. d'Urtal avec simplicité, au lieu de me désoler du mariage de mademoiselle Leballier, je ferais ma fille vieille princesse.

— Vieille princesse! expliquez-vous.

— Je sauterais à pieds joints les trois journées, la restauration, l'empire, et j'arriverais à un descendant des rois de France et des empereurs de Constantinople.

Un feu subit s'alluma sur les joues de madame Saint-Olben; ses yeux resplendissaient également et avec non moins de vivacité. Elle prenant la parole :

— Mon ami, puis-je me confier à vous?

— Ce doute m'offense.

— Eh bien! je donnerais tout ce que je possède et ma vie au-delà, pour parvenir à la conclusion de cette double alliance; mais, comment amener ces gens jusque-là? Je vous avoue qu'avant de les connaître, je me les figurais égaux en principes aux plus superbes de la cour de Charles X. Je les ai vus de près, et je commence à craindre.... Cependant, nous leur ferions de tels avantages, je suis assurée de parvenir à tourner si bien l'esprit de mon mari, qu'il accorderait part égale à chacun de nos enfans. Le prince de Courtenai n'aurait pas à s'en plaindre; mais comment prendront-ils cette proposition? Il vaudrait mieux peut-être ne pas la compléter, et une demande de ma nièce pour Lucien, serait une bonne voie pour arriver plus tard à marier Athénaïs avec le frère d'Hélène.

— On ne peut vous conseiller rien de mieux, repartit le vicomte d'Urtal. Laissons quelques jours s'écouler encore ; arrivons jusqu'après votre bal, ce sera une occasion où vous pourrez développer, sans forfanterie inutile, toute la magnificence de votre maison devant les Courtenai. Peut-être même qu'à cette époque votre mari entrera dans le ministère. Je présume que les parens d'Hélène, dont le sens est exquis, apprécieront la solidité brillante de votre position, et qu'ils croiront ne pouvoir mieux placer cette jeune personne qu'en la donnant à son cousin.

La conversation fut continuée sur ce point. Elle éclaircit tellement la douleur maternelle de madame Saint-Olben, que la financière put écrire plus tard, sans avoir besoin de trop de courage, à madame Leballier, ses complimens *très-affectueux* sur le mariage de sa *charmante* fille avec le duc de....

Il n'y a rien au monde qui inspire plus de bienveillance, que l'espoir de surpasser en bonheur ceux auxquels il faut parler de leur prospérité actuelle.

XII.

L'AMOUR DANS UN ENFANT.

Iners malorum remedium ignorentia est.
Sénèque, *Œdipe*, act. III, sc. I.
On ne peut guérir un mal dont on ne connaît pas la nature.

— Je ne suis pas satisfaite de vous, Georges : chacun, ici, vous comble de marques de bonté ; on vous prodigue les caresses, les complaisances, et vous y répondez mal... oui, monsieur, très-mal. Je ne serai pas émue par votre mine piteuse, et je ne crains aucunement la flamme que lancent vos yeux.

Georges debout, en face d'Hélène, écoutait, avec autant de chagrin que de colère, la réprimande de mademoiselle de Courtenai, dont l'amertume était augmentée, pour lui, à l'aide de ce *vous* cérémonieux et de ce titre de *monsieur* qui lui devenait insupportable, quand il lui était donné par l'un des membres de la famille de Courtenai; son dépit, sa douleur, en ce moment surtout, étaient extrêmes. Il reconnaissait sa faute en partie, au fond de son cœur, et néanmoins ne s'avouait aucunement coupable, parce qu'il manquait de l'expérience nécessaire à qui veut se sonder utilement. Il lui suffisait, d'ailleurs, que sa belle amie fût mécontente, pour être plongé dans une véritable consternation.

En toute autre circonstance, et à la campagne par exemple, il aurait repoussé avec véhémence les reproches qu'on lui eût adressés. Alors il avait assez de sa bouche, de ses regards, de ses gestes, pour soutenir son innocence ; il savait se défendre avec une véhémence entraînante, une chaleur que rien n'égalait. Ici, au contraire, si son jeu de physionomie exprimait sa peine, sa langue restait muette; il semblait craindre de se justifier. Hélène poursuivit :

— Les maîtres de la maison vous traitent comme mon frère; les valets vous respectent; on ne vous empêche ni de faire du bruit, ni de vous livrer à votre pétulance ordinaire. On vous promène dans tout Paris; on vous habille mieux qu'une délicate jeune fille; et vous, loin de conserver votre gaîté passée, loin de témoigner votre sensibilité de tant de prévenances, que faites-vous? je le demande : vous fuyez dans un coin du salon, derrière mon fauteuil, ou vous vous enveloppez dans les plis d'un rideau, sans rire, sans causer, avec un air maussade. Si on vous approche, vous devenez immobile, vos yeux se ferment... Oh! le vilain enfant!

— Je ne l'aime pas, je ne l'aimerai jamais, s'écria enfin le Klephte, en se laissant aller à une explosion délirante ; est-ce ma faute si je ne peux le souffrir ?

— Qui ? reprit Hélène, dont tout à coup la figure virginale se colora vivement ; quel est le malheureux objet de cette bouderie condamnable, de cette mauvaise humeur sans raison ?

— Lui, lui, répliqua Georges d'une voix étouffée ; lui qui me tuera, rien qu'à le voir seulement.

— Le nommerez-vous enfin ? car faut-il que l'on connaisse ce scélérat, ce monstre, ce Boucolatre qui dévore Georges chaque nuit, sans que, le matin venu, aucun s'en doute ?

— Il n'est pas nécessaire, répondit l'enfant avec une fermeté désespérée, de sucer le sang d'un Klephte pour opérer sa mort. On n'a pas besoin non plus ni de carabine ni de cangiar. Pour atteindre ce but, il suffit de jeter à ses yeux, à ses oreilles, un poison habile à savoir trouver le chemin de son cœur.

Ce dut être ce poison, profondément mélancolique, dont Georges se servit en prononçant cette phrase qui, sans doute, troubla Hélène à tel point que la rougeur, déjà apparente sur ses joues, en augmenta considérablement. La jeune fille qui entrouvrait ses lèvres vermeilles, pour continuer à gronder l'enfant, les ferma tout à coup, les mordit presque; ses yeux s'abaissèrent et son sein se souleva involontairement. Georges ne perdait pas de vue les moindres gestes de mademoiselle de Courtenai; il aperçut ce que je viens de décrire, et malignement il dit à son tour :

Faut-il que je le nomme, Hélène? te plaira-t-il de le connaître, celui que je déteste autant qu'il t'est cher?

— Petit serpent, s'écria la jeune fille en se reculant de lui, tandis qu'elle cachait son visage dans ses mains; tu es de la race des démons.

— Oui, tu l'aimes, repartit Georges avec

plus de fermeté encore ; dis que cela n'est pas ?

— Il me semble, monsieur, dit Hélène en hésitant toutefois, qu'il est naturel d'avoir de l'amitié pour son cousin germain.

— Ah ! je t'y prends, Panagia méchante, répliqua Georges en frappant avec force ses mains l'une contre l'autre ; tu le devines sans que je le nomme, sais-tu pourquoi ?...

Il s'arrêta, et ensuite continuant, puisque Hélène se taisait :

— C'est parce que son nom a un écho perpétuel au fond de ton âme. Eh bien ! c'est vrai ; je suis à plaindre d'être contraint de le voir chaque jour. Dieu est témoin que je suis heureux, chaque fois que le chef (Éleuthère) t'embrasse, et je cesse de vivre, dès que Lucien s'approche de toi... et d'où vient ? me demanderas-tu ; c'est à cause que tu l'aimes, et que lui ne t'aime pas.

Hélène tressaillit involontairement, et ses couleurs brillantes s'éteignirent en partie. Une femme usagée aurait rompu là une conversation qui devenait par trop dangereuse; mais elle, non moins innocente que le Klephte, manqua de prudence ou d'habileté en ne retenant point la question indiscrète qui lui échappa.

— Il ne m'aime point. Qui te l'a dit? où l'as-tu vu?

— Dans moi-même, Hélène; car je t'aime, les anges le savent, et je peux juger ce que c'est que l'amitié. Eh bien! cet homme, ton cousin, ne ressemble en aucune de ses actions, à l'idée que je me suis formée d'un ami né pour te chérir toujours. Il te quitte, il va causer avec d'autres femmes, il rit avec elles... il rit... et moi, je pleure. Non, non, Lucien ne t'aime point; crois-en Georges... Georges qui t'aime...

Et deux ruisseaux de larmes s'élancèrent des yeux de l'adolescent. La scène ainsi prolongée devenait embarrassante. Hélène elle-même se reprochait de l'avoir provoquée, en commençant une querelle dont elle aurait dû prévoir les suites. Les propos de

Georges, d'ailleurs, l'avaient vivement émue. Ainsi, il avait découvert presque aussitôt qu'elle un sentiment dont elle craignait de s'avouer l'existence. Il était vrai que Lucien, loin de lui être indifférent, prenait, chaque jour de plus en plus, de l'empire sur son âme. Hélène, surprise d'abord par les rapports établis entre eux, avait cru ne céder qu'à une tendresse de sang; et une douce familiarité s'était assez vite établie, aidée d'ailleurs par le manège de madame Saint-Olben, empressée à fomenter un attachement, but unique de toutes ses espérances.

Mademoiselle de Courtenai se trouvait dans la position ordinaire à toute fille bien élevée, c'est-à-dire point prémunie contre le péril de l'amour, à cause de la profonde ignorance dans laquelle on l'avait élevée. Un silence entier, gardé sur des matières que la prudence devrait expliquer, cause presque toujours la chute des jeunes personnes qui ne peuvent se défendre par un point de comparaison.

On n'avait pas interdit à Hélène de céder à une impulsion séduisante. On n'avait jamais discuté devant elle la thèse du sentiment. Dès-lors simple et sans aucune défiance, elle s'était abandonné au plaisir de voir son cousin auprès d'elle. C'était le premier homme dont la fréquentation lui avait été permise. Jamais aucun autre, à part son frère, ne l'approcha, depuis son bas âge jusqu'alors. Il en advint que les attentions, les prévenances délicates de Lucien, sa persistance à rôder auprès d'elle, à consulter ses goûts, à contenter ses moindres fantaisies, sa soumission absolue à ses volontés diverses la touchèrent en débutant, lui plurent ensuite, et finirent par lui inspirer une reconnaissance enflammée qui finit par se changer assez rapidement en une passion profonde, complète, et dont les conséquences n'étaient pas faciles à prévoir.

N'en appréciant point le danger ou l'étendue, ne croyant céder qu'à un attachement permis, celui qui nous porte vers nos proches, Hélène de Courtenai ne s'en alarma ni ne s'en occupa trop. Le poison dangereux qui pouvait la perdre ne fut combattu par aucun effort de la raison; et déjà elle aimait avec toutes les puissances de son âme, qu'elle en était à savoir ce que c'est que l'amour.

Le voile fut déchiré tout-à-coup par la discussion qu'elle eut avec le jeune Grec; lui, plus habile en cette matière à cause de son sexe et de son instinct naturel, ou plutôt mieux averti du caractère de l'affection que mademoiselle de Courtenai portait à Lucien par celle que lui-même éprouvait à l'égard de cette noble personne, la lui avait fait apercevoir sous son jour véritable. Hélène, honteuse de s'être laissé entraîner aussi loin, et plus encore d'avoir disposé de son cœur sans la volonté de ses parens, se sentit effrayée, en même temps qu'elle se reconnut coupable; et, dans sa frayeur, que redoublaient les remords de sa conscience, il lui tarda de se retrouver seule, espérant dans sa simplicité échapper à la conviction de sa faute, si elle cessait de se trouver en présence de Georges, si bien instruit de ce qu'elle ne savait pas un instant auparavant.

Néanmoins, confuse de sa faiblesse, et ne pouvant punir le bel adolescent de ce qu'il la chérissait de toutes les facultés de son âme, elle lui parla plus doucement, l'engagea à se tranquilliser, à éviter de faire éclater cette jalousie ridicule contre un parent à qui elle devait beaucoup d'amitié, et qui n'enlevait à lui Georges aucune portion de celle que mademoiselle de Courtenai lui portait. Georges, à cette dernière phrase, secoua tristement sa tête, et essayant un sourire empreint de la douleur la mieux sentie, répliqua que c'en était fait, que jamais il ne rentrerait dans la place qu'il avait possédée au cœur de sa noble amie; mais que cela ne l'empêcherait pas de continuer à lui fournir la preuve de son dévoûment sans bornes.

« Il se peut, poursuivit-il, qu'un jour vienne où tu me rendras plus de justice, et où tu seras forcée de reconnaître que ce n'est pas le plus grand et le plus âgé qui t'aime le mieux. »

Hélène alors lui demanda en preuve de ce qu'il disait un changement total de conduite. Elle exigea qu'il redevînt ce qu'il était d'abord; il fallait ne plus bouder toute la famille Saint-Olben, et encore mieux se raccommoder franchement avec Lucien. Georges eut grand'peine à consentir à ceci; il lui paraissait bien pénible de faire bon visage à l'homme heureux qui déchirait si cruellement son jeune cœur, bien qu'encore il ne soupçonnât pas que cette amitié, qu'il croyait si désintéressée, était peut-être un autre sentiment.

Le Klephte enfin s'éloigna sans joie. Hélène demeura seule à réfléchir; et une fois que la lumière de la réalité eut pénétré en elle, sa pensée la fit avancer plus vite en quelques minutes, dans la route où sans y penser elle s'était engagée, qu'elle ne l'avait fait en plusieurs jours auparavant. Il n'y a pas de terrein plus fécond, et où se développent plus rapidement les germes qu'on y jette, que le cœur humain. Chacun d'eux y croît en silence tant qu'on ne s'en occupe pas; mais, dès qu'on leur donne une attention suivie, aussitôt ils grandissent avec une rapidité singulière, et alors le temps de les en arracher est passé sans retour.

Il y avait peu de temps que Georges était sorti, lorsque la vieille Moline entra. Elle venait souvent savoir des nouvelles d'Hélène de la part de sa grand'mère avec d'autant plus de commodité que madame Saint-Olben, empressée de plaire à tous ceux qui se rapprochaient de la marquise, mettait presque chaque jour une voiture aux ordres de l'antique camériste. Enchantée de cette prévenance, il en résulta que demoiselle Moline affectionna la famille du banquier, que les cartes devinrent favorables à ceux de cette maison. Elle n'aurait pas donné à Hélène un mauvais conseil, et pourtant déjà ne reculait pas à la pensée qu'un mariage serait possible entre elle et son cousin.

Ce fut donc avec ces dispositions bienveillantes qu'elle arriva ce jour-là. Elle connaissait trop Hélène pour négliger d'apercevoir sur sa physionomie charmante le chagrin qui, dans ce moment, la tourmentait. Prudente et fine, elle évita de s'attirer une confidence périlleuse en ses suites ; mais elle se mit à tirer les cartes, et les cartes amenèrent la certitude d'un mariage prochain, d'un mariage accompagné de tous les avantages de la fortune et des mille et une douceurs de l'amour : un *beau brun* adorait Hélène ; il méritait son affection par la violence et la sincérité de sa tendresse ; il la lui conserverait, malgré les obstacles qui, peut-être, s'élèveraient momentanément entre eux deux. Moline aurait pu ajouter qu'elle voyait dans ses combinaisons magiques une rivale pareillement aidée dans les actes de sa jalousie par un homme de la campagne, sans doute le valet Lomont. Mais elle passa ce point sous silence, afin de ne pas épouvanter la jeune fille, ou plutôt pour éviter d'amoindrir son amour en réveillant sa fierté et ses craintes sur une constance déjà un peu ébranlée.

Mademoiselle de Courtenai, bercée dès ses plus jeunes années, en arrière de ses parens, de ces pratiques mensongères, ajoutant une foi entière aux prédictions de Moline, elle tomba dans une douce rêverie en écoutant des paroles si douces, si flatteuses, et qui répondaient si bien aux désirs de son cœur. Elle aussi ne fit à la demoiselle de compagnie de sa grand'mère aucune confidence réelle : un reste de réserve s'y opposait. Elle croyait d'ailleurs que le premier aveu du sentiment nouveau dont elle était agitée appartenait de droit à la marquise de Courtenai.

Thérèse Moline partit à son tour; Hélène ne demeura pas seule long-temps, Athénaïs accourut et l'emmena en grande hâte. Il s'agissait d'aller ensemble à une matinée de musique, et puis visiter le panorama de *Navarin*. L'hôtel des Saint-Olben avait augmenté de tumulte et de magnificence depuis l'arrivée des Courtenai à Paris. C'était chaque jour des dîners plus somptueux que de coutume, des thés brillants qui précédaient le fameux bal attendu avec tant d'impatience *par la bonne compagnie de Paris*, où on déployait une somptuosité inaccoutumée de livrées, de voitures, d'attelages; on cherchait de toute manière à prouver aux Courtenai l'immensité de la fortune, la grandeur des relations sociales et l'éminence du rang qu'on ne tarderait pas à obtenir; car chaque jour davantage le banquier paraissait entrer plus avant dans la confiance royale. On venait souvent le chercher, afin qu'il allât prendre sa place à un conseil secret; on désignait hautement le ministère qui lui serait donné; et les solliciteurs aux diverses fonctions dépendantes de ce portefeuille, venaient faire leur cour avec autant de soin à M. Saint-Olben qu'au titulaire.

La marquise d'Armenseine, à part un premier dîner qu'elle accepta et un thé auquel elle parut pour en sortir à dix heures, refusa constamment, sous le prétexte de son grand âge, de sa faiblesse, de sa santé, toutes les autres invitations qui lui furent faites. Elle se plaisait davantage dans la société habituelle de madame d'Aubeterre, qui était proprement la sienne, et les instances de la tante d'Hélène ne la firent pas changer de résolution. Le comte de Lombel, le baron Éleuthère, ne pouvant employer les mêmes moyens, paraissaient plus souvent aux cercles de la haute finance. Le premier ne s'y plaisant guère, le second y venant presque chaque jour dans le seul but de voir sa sœur, et celle-ci ne manquait jamais de se rendre, de dix heures à midi, chez son aïeule : c'était un devoir qu'elle trouvait si doux de remplir !

C'était avec une distinction particulière qu'Eleuthère était reçu chez les Saint-Olben. La première place lui appartenait : presque toujours on la lui donnait sans affectation, il est vrai, mais avec autant d'adresse que de persistance. On trouvait aussi le secret de le rapprocher d'Athénaïs, et ici s'arrêtait le manége de la financière. Sa fille possédait assez de charmes, de beauté même, et en arrière luisait une dot assez énorme pour attirer les yeux des premiers partis du royaume. Il était donc inutile d'ajouter à tant de mérite par des intrigues cachées souvent maladroitement.

Éleuthère, en causant avec sa sœur, se trouvait, par nécessité, rapproché d'Athénaïs; il rendait justice à ses attraits, à sa gentillesse, à sa vivacité, non moins qu'à son goût exquis en fait de parure; mais il paraissait s'arrêter. Ce calme froid, devant elle, ne dépassait jamais les bornes de la simple politesse. Les observateurs ou les intéressés essayaient vainement de lire au fond de son cœur; et Athénaïs, portée vers lui par un penchant irrésistible, par les propos de sa mère, par les instances de

Lucien, ne croyant pas qu'il fût possible de la voir sans l'aimer et de la refuser sans folie, s'étonnait pourtant parfois de la réserve mystérieuse d'Éleuthère, ne comprenant pas, lorsqu'on lui faisait si beau jeu, qu'il craignît de se déclarer, et qu'il redoutât les chances d'un refus.

Mais quelle que pût être la pensée intérieure du baron de Courtenai, sa politesse exquise ne se démentait point, non plus que sa retenue. Rien enfin dans ses yeux, dans ses gestes, ou dans le son de sa voix, ne trahissait le sentiment qu'Athénaïs supposait en lui, avec d'autant plus de confiance qu'il commençait à naître en elle. C'était avec une joie profonde qu'à son tour elle s'apercevait du bonheur de Lucien. Hélène, malhabile à taire ce qu'elle éprouvait, manifestait trop d'amitié à la sœur, pour ne pas porter un peu d'amour au frère.

Le banquier, d'une autre part, n'était pas le plus tranquille dans sa maison. Occupé d'abord des affaires de son commerce auquel il se livrait pleinement, il avait à suivre celles du ressort de la politique. J'ai dit plus haut combien il augmentait d'importance à la nouvelle cour; il la devait au journal réellement créé avec ses fonds, où tous les matins on le montrait comme seul capable de sauver la France. Ce serait un autre Solon, un second Colbert, mieux encore; on disait tant de mal de ses adversaires, qu'on inspirait au public le désir de le voir entrer dans le conseil, afin de parvenir à le siffler à son tour.

Sorlerin, l'homme de lettres, Sainville, le doctrinaire, et, en vertu de sa profession, vendu à tous partis présens et futurs, l'avocat Montfrais et une centaine d'autres trompettes de réputation, allaient dans les divers salons de Paris, au barreau, à la Bourse, aider à son apothéose. C'était une opération de commerce tout comme une autre, une industrie lucrative en argent et en honneurs. Un ministère, par le temps qui court, est-il autre chose? on spécule mieux quand on voit de plus loin; les jeux de l'agiotage offrent plus de chances de succès à qui peut, avec certitude, appliquer la politique, non à la morale, ainsi que l'a fait M. de Jouy, avec autant d'esprit que de conscience; mais la politique à la hausse ou à la baisse, comme font maintenant messieurs tels et tels.

Plus l'horizon s'éclaircissait à l'entour de M. Saint-Olben, plus l'honnête capitaliste Romérol persistait dans le désir d'arriver à l'honneur de son alliance; il était venu dîner chez lui, avait fait des frais pour s'attirer la bienveillance de la maîtresse de la maison : ceci en pure perte, car elle le traitait du haut en bas, comme si elle eût porté le nom de Courtenai, et qu'il se fût agi d'une alliance avec les Saint-Olben. Romérol avait trop bu, pendant sa vie, à la coupe de la honte pour se décourager. Par conséquence de certains mauvais procédés, il se perpétuait dans la route qu'il avait suivie toujours avec tant de succès : celle de la flatterie et de la bassesse. Il descendait à tel point devant la tante d'Hélène qu'il finissait par la désarmer; et en même temps il ne négligeait aucune circonstance propre à faire valoir sa fortune colossale, et lui aussi, et à sa manière, jetait sa chère fille Elmonde à la tête de Lucien.

C'était une créature de taille chétive et de nature élevée, jolie au possible, spirituelle encore plus, appréciant sa position assez pour la mésestimer, et sachant que, quelle que fût l'extravagance qu'il lui prît fantaisie de tenter, les millions de son père resteraient constamment en prime d'assurance pour la sortir d'embarras; elle n'était plus de cette première jeunesse qui engage à confondre l'étourderie avec l'inexpérience; elle atteignait ses vingt-trois printemps, ainsi que dirait un classique, et, manquant par malheur de cette crainte pudique naturelle à notre jeune âge, méprisait assez le monde pour n'avoir pas à s'embarrasser du jugement qu'il porterait d'elle. Sa maxime favorite était : « Autrefois les gens de qualité savaient tout, aujourd'hui les gens riches peuvent tout; » et, avec cette façon de penser, elle devait conduire étrangement la barque de sa vie. Lucien lui plaisait; il était d'ailleurs en position de procurer à sa femme une sorte de considération personnelle. Dès lors mademoiselle Romérol, jusqu'alors assez indifférente sur le choix des nombreux partis qu'on lui avait proposés, résolut de se mettre de moitié avec son père pour parvenir à la conclusion de son mariage avec le jeune Saint-Olben.

XII.

LES RENCONTRES SUR LE BOULEVARD.

L'orgueil prend toutes les formes :
les traits d'une jol'e femme, le manteau d'un
vieil hermite et l'habit échancré d'un jeune républicain.
Recueil de Maximes.

Eugénine traversait le boulevard des Variétés, magnifiquement parée, et de manière à rehausser l'éclat de sa beauté. Un witchourra de velours jaune, garni de marte zibeline et attaché par une ceinture de même pelleterie, que retenait une large boucle de diamans, un boa plus admirable, terminé par une tête de serpent, dont les rubis orientaux formaient les yeux et la langue fourchue qui s'attachait à une queue de même métal et enrichi de pareilles pierreries; un chapeau de velours blanc, doublé de satin jaune, et sur lequel flottaient quatre plumes jaunes aussi, la rendaient l'objet de l'envie de toutes les *demoiselles* vaquant à l'entour, et autant au moins des femmes honnêtes, qui s'indignaient de ne pouvoir se venger aux dépens de ses charmes de cette supériorité incontestable de sa toilette.

Jamais ses joues n'avaient été relevées dans leur blancheur par un si charmant coloris; jamais ses yeux ne brillèrent de plus de flammes et d'esprit; jamais enfin sa démarche n'avait réuni autant de grâce à autant de volupté. Chacun à son approche, se rangeant sur son passage, prenait plaisir à la contempler, les femmes à la dérobée, c'est leur usage, les hommes avec leur indiscrétion ordinaire, qui ne nous déplait pas toujours

Eugénine, fière de produire tant d'effet, montrait assez le contentement de son âme par l'éclat radieux de sa figure; elle souriait, poursuivait légèrement sa course, et, si ses pieds touchaient la terre, sa pensée s'élevait vers les illusions les plus célestes. Elle atteignait la rue Richelieu : son dessein était de continuer le long des boulevards, et se diriger vers les Tuileries, lorsqu'un individu, mis simplement et de mauvaise apparence, l'aborda le chapeau à la main, mais avec une familiarité de forme propre à rapprocher la distance qui paraissait être entre eux.

Eugénine parut en ce moment de son apothéose terrestre plus contrariée que satisfaite de la rencontre qu'elle faisait. Sa physionomie exprima une bienveillance contrainte, une sorte d'embarras, de dépit ou de confusion que le survenant aurait pu voir, n'eût été le chapeau de la belle contrariée qui s'opposait à ce qu'on reconnût ce qui l'agitait lorsqu'on se tenait à côté d'elle.

Cependant, quel que pût être le sentiment secret de la jolie intrigante, elle le garda pour elle et ne le témoigna point à Lomont:

celui-ci ne portant pas la livrée par extraordinaire, se crut en droit de marcher auprès d'Eugénine, et lui dit en même temps:

— Vous jouissez de votre triomphe, madame, et vous ne voyez pas l'orage qui s'élève derrière lui.

Ce propos, qui rappelait l'une des anciennes professions du valet, ne parvint qu'imparfaitement à l'oreille d'Eugénine, qui se crut à l'approche d'une ondée, ce qui la porta à se retourner promptement. Le ciel était pur et sans nuage; l'air doux et la terre presque ferme, en un mot un vrai miracle pour Paris. Rassurée sur le péril qu'aurait pu courir sa parure si fraîche, si élégante, elle dit à Lomont avec une impatience marquée:

— Que signifie cette fantaisie de me faire peur lorsque le soleil resplendit en vrai échappé du Midi ?

— Ah! répliqua Lomont, vous êtes tellement pour le positif que vous ne voulez rien apercevoir de figuré dans le langage : je ne vous parle point de ce qui se passe dans le ciel, mais bien des choses propres à vous occuper sur la terre.

Eugénine, ayant mieux entendu cette fois, ralentit ses pas; et ne faisant plus attention à ce qui n'était point le domestique de Lucien, lui demanda une explication nette de sa phrase encore obscure.

— Mon maître, lui dit-il, achève de perdre sa cervelle, il va d'un amour à un autre; vous parlez à sa tête, un autre entraîne son cœur : il est probable que celle-là, si elle devient sa femme, vous le ravira sans détour.

— Ne m'avez-vous pas dit que ce mariage ne se ferait point?

— Je croyais qu'il en serait ainsi.

— Que les Courtenai ne consentiraient jamais à cette alliance.

— Sait-on sur quel terrain on marche maintenant, repartit le valet avec une augmentation notoire de mauvaise humeur. Le baron Éleuthère, que j'évite de rencontrer, et pour cause, l'ayant trop connu autrefois, ne sort plus de l'hôtel Saint-Olben ; il rôde sans cesse autour de mademoiselle Athénaïs ; et si les beaux yeux de cette jeune personne, joints à ceux de la cassette paternelle, arrivaient à changer son opinion de caste, je ne répondrais plus que, pour acheminer à son hymen avec la sœur de mon maître, il ne commençât par consentir à l'hymen de celui-ci avec mademoiselle de Courtenai.

Il ne resta sur la figure d'Eugénine aucun vestige du contentement dont jusqu'alors elle rayonnait; une terreur légitime éleva dans son sein une tempête soudaine; ce fut d'une voix vivement émue qu'elle dit :

— Je vais donc perdre Lucien, et vous la récompense que je vous avais promise.

— Rien n'est exposé encore, répondit Lomont; il y a toujours de la ressource avec de la vertu entée sur l'orgueil de la noblesse; il dépendra de vous de mettre de grands obstacles à ce mariage ; mais il faut de la tête, de l'adresse et pas de frayeur. Le lieu, poursuivit l'interlocuteur, n'est guère favorable à une longue explication; mais si tantôt, à l'heure du dîner de mes maîtres, vous êtes retournée à votre appartement, je pourrai... Adieu, madame, j'aperçois dans la rue Neuve-de-Luxembourg le diable en personne.

— Sous quelle forme, demanda Eugénine en riant?

— Sous celle de M. Lucien, en la compagnie de trois républicains de ses amis.

— Ce sont, dit l'intrigante, des enfans qui jouent avec l'instrument du supplice comme avec un hochet.

Mais Lomont ne put entendre la réflexion sage, il avait gagné précipitamment le côté opposé du boulevard, et ne tarda pas à se perdre dans la rue Godot-de-Mauroi. Eugénine, doublant le pas elle aussi, se dirigea vers la Madeleine, si bien que l'un et l'autre échappèrent à Lucien. Il arrivait en effet suivi de ses trois camarades, de ce gracieux Adolphe qui aspirait à la main d'une princesse parce qu'il était né d'une union illégitime; de Théophile, autre imprudent qui, n'ayant rien à perdre, osait tout, et de Charles, le plus rusé des quatre, et qui pourtant rivalisait avec eux de folie et de rusticité.

Ce quatuor venait d'une assemblée secrète composée de deux cents amateurs de la république, et dans laquelle on comptait au plus quatre-vingts correspondans avec le préfet de police. On était là, comme on le voit, entre de vrais amis; et une grande mesure avait été arrêtée, celle de faire mouler les bustes respectables de Marat et de Robespierre, d'en remettre une épreuve à chaque conjuré, et puis de répandre les autres le plus possible, afin de prouver aux bons bourgeois de Paris sous quel système benin on veut rétablir la *meilleure* des républiques, qui ne consiste pas toujours dans l'ample liste civile accordée à un roi citoyen.

Cette détermination extravagante avait passé tout d'une voix. Les frères et amis, les barbus de l'époque, s'étaient juré une fidélité à l'épreuve et une persévérance que rien ne lasserait, si bien cependant que, dès la séance levée, près d'une centaine de lettres d'avis ou de rapports avaient été rédigés pour contenter la curiosité naturelle des membres du gouvernement.

Lucien rapportait néanmoins de cette séance un autre ver rongeur qui le tourmentait beaucoup; on y avait insisté sur la nécessité de remettre l'égalité en lumière, et un misérable drôle, sans vertu, sans mérite, mais orateur véhément du club mystérieux, s'était sans façon présenté à lui pour devenir doublement son beau-frère. Cette alliance contrastait avec celle que l'on voulait conclure entre sa famille et celle des Courtenai. Lucien commençait à reconnaître l'étendue de son délire politique, à rougir des associés qu'il se donnait, et combien plus encore éprouva-t-il de désappointement lorsque, sur le boulevart où il avait été près de rencontrer Eugénine en la compagnie de Lomont, il fut surpris, en celle de ses trois amis, personnages de mauvaise apparence à cause de leur costume ridicule, par le baron de Courtenai.

Ni l'un ni l'autre ne purent s'éviter ou feindre de ne pas se reconnaître, le hasard les ayant mis absolument face à face; Éleuthère, peu lié avec Lucien, bien qu'il le vît souvent, se maintenait à son égard dans une retenue froide, calculée de manière à exclure toute intimité. Ils s'abordèrent cependant avec une cordialité apparente, et le républicanisme de Lucien ne put le retenir de titrer de prince le frère de sa cousine. A ce mot, qui a universellement l'éclat de la foudre quand il tombe sur une oreille non prévenue, les trois Robespierristes romantiques rougirent involontairement. L'un, Théophile, essaya de se grandir comme pour lutter de taille physique avec le géant moral qu'une qualification lui révélait; Charles eut recours à la majesté d'un sourire dédaigneux, selon lui, et qui ne parut qu'avec les marques de l'envie la mieux caractérisée, tandis que tout au contraire le joli Adolphe se mit à saluer Éleuthère respectueusement.

Le baron de Courtenai, sans faire attention ni au titre, ni à la contenance du trio, auquel il fit un signe de politesse, s'adressant à Lucien, lui demanda des nouvelles de sa famille.

—Chacun des membres qui la composent, reprit le jeune Saint-Olben, jouissait tantôt d'une santé parfaite, sans oublier la princesse ma cousine et votre sœur.

Ici, un nouveau regard des disciples de 1793 se reposa sur Lucien; mais lui, fier de ce qu'il apprenait à ses camarades, cherchait à poursuivre une plus longue conversation avec Éleuthère qui, loin de partager la même envie, répondit brièvement et ne tarda pas à s'éloigner.

—Un prince, se mit à dire Théophile, un prince! il y en a donc dans ta famille, Lucien; et pourquoi alors te mets-tu à tirer à la remorque le char de la république?

— Ma patrie avant tout, fut-il répondu.

—Un prince! dit après Charles, et on n'écrase pas ces distinctions insolentes. Oh! comme il y a de l'orgueil dans la démarche de ce prince, et qu'il y aurait de l'impudence dans son regard.

— Cela n'est pas vrai, répondit vivement Lucien, qui gardait un silence de satisfaction maligne. Mais le jeune Adolphe, encore tout saisi d'avoir approché un homme de grande maison : — Celui-là, dit-il, m'a paru aussi simple et aussi poli que tu l'es peu, Charles, lorsque tu t'adresses à un artiste en cire luisante ou à l'un des garçons de notre restaurant; Dieu sait de quelles expressions tu t'es servi : et le tutoiement, qu'en dis-tu?

Charles, attaqué par son point sensible, tourna la tête avec impatience; les autres ne prirent pas sa cause, et Adolphe, une fois lancé, continua.

— Et moi aussi je dis c'est donc là un prince? il a bonne mine et n'est pas insolent. Je fus avant-hier chez un riche commerçant de la rue des Jeûneurs; j'entre, je salue, on ne me dit mot. Je présente la traite; on la prend; on l'examine sans m'adresser un geste, une parole, ni même un regard. L'argent compté, je sortis; et j'étais à douter si ce faquin m'avait aperçu. Que pourrait faire de plus un prince de l'ancien régime?

— Et un avocat du nouveau, repartit Théophile, que la force de la vérité entraîna dans le sens d'Adolphe, en avez-vous vu, messieurs... non, non, citoyens, veux-je dire, en avez-vous vu de près? Je travaillais naguère chez l'un des plus libéraux. Il n'a pas combattu en juillet, ce qui lui a servi de droit pour parvenir à tout depuis que la révolution a été consommée. Eh bien! dès ce moment, nul n'a pu l'approcher, pas même son père. Il est devenu sa propre idole; il s'encense du matin au soir pour rêver de soi du soir au matin. Malheur à qui ne lui porte un respect servile! Il a envoyé son chien bien-aimé à la Seine, parce que le pauvre animal ne put s'empêcher de japper après lui la première fois qu'il le vit en habit brodé.

— Un habit brodé! s'écria Charles; on n'en portera plus; et, si nous triomphons, il n'y aura ni prince, ni duc, ni homme de qualité. Je veux que tout se plie à ma volonté; que le niveau descende sur les têtes altières. Aucune ne dépassera la mienne : malheur à qui me résistera...

C'était ainsi que le despote jeune homme prétendait par de la tyrannie à l'établissement de la république.

— Mais enfin, demanda Adolphe à Lucien, quel est ce prince?

— Un Courtenai.

— Un court nez, dit Théophile en riant, il a le sien aquilin pourtant.

— Qu'est-ce qu'un Courtenai? ajouta le jeune Adolphe.

Et Lucien surpris que la génération actuelle ignorât l'histoire de cette grande maison, la conta à ses amis, et leur apprit par quel nœud les Saint-Olben se rapprochaient de la famille royale. Cela fut écouté avec un intérêt réel malgré l'indifférence affectée de Théophile et de Charles. Il est certain que leur premier soin, lorsqu'ils eurent quitté Lucien, fut d'aller se targuer devant leurs connaissances d'avoir passé la meilleure partie de la matinée en compagnie du jeune prince de Courtenai. Les hommes ont en eux des bizarreries étranges. Au demeurant ce qui frappa le plus ces étourdis, si fermes sur leurs principes, fut la simplicité d'Éleuthère qui, pouvant se qualifier de prince, ne se donnait que le titre de baron.

Lucien ayant quitté ses amis, rentra à l'hôtel au moment où sa mère, sa sœur, mademoiselle de Courtenai, madame Rinard, le vicomte d'Urtal et quelques autres personnes de la société intime de madame Saint-Olben, partaient pour aller jouir de la beauté du jour dans les allées du bois de Boulogne. Il y avait confusion ; on s'arrangeait dans chaque équipage selon sa fantaisie ou ses affections. Lucien proposa aux deux jeunes personnes de les prendre dans son cabriolet, où il les fit placer aussitôt. Mais à l'instant même, mademoiselle Remérol étant survenue, Athénaïs, autant par malice à son égard, que pour obéir au coup d'œil rapide de madame Saint-Olben, s'élança d'auprès d'Hélène, en disant que la politesse lui défendait de laisser seule Elmonde *sa chère amie*.

Mademoiselle de Courtenai, si elle eût pu prévoir ceci, n'aurait pas accepté de monter dans la voiture légère de Lucien. Maintenant devait-elle en descendre? Une voix intérieure lui disait : Oui ; mais son cœur, et une fausse honte l'en détournèrent. Lucien, d'ailleurs, n'était-il pas son cousin germain? La réflexion peut-être aurait encore combattu cette considération spécieuse, lorsque madame Saint-Olben, charmée d'un incident qu'elle n'avait pas amené par ruse, et dont elle pouvait profiter en pleine sûreté de conscience, donna si inopinément le signal du départ, qu'Hélène ne put se retenir dans ce qui lui était si agréable; et force fut à elle de faire la course au bois de Boulogne tête à tête avec son proche parent.

Dirai-je leur conversation? c'est inutile; à quoi servirait-elle ? Nous tous avons aimé sans doute; eh bien! que chacun se reporte à l'époque brillante de la jeunesse, lorsque, pour la première fois, nous nous sommes rencontrés seuls dans un jardin, dans une promenade publique avec celui ou celle qui avait su nous charmer; que notre souvenir déroule sous nos yeux les détails enchanteurs de ces rencontres délicieuses, et l'on pourra se faire une idée de ce qui dut se passer entre Hélène et Lucien. Peut-être que celui-ci n'osa pas ouvertement parler d'amour à sa cousine. Etait-ce nécessaire ? Le mot est-il si indispensable à prononcer, lorsque la chose est si bien gravée dans le cœur? Ce mot frappe trop vivement une jeune personne bien élevée. Honneur à celui qui n'a pas besoin de le lui faire entendre : il n'en est que plus heureux !

J'ignore, ou plutôt je ne répéterai point ce qui se passa entre ces bons parens; ce que je peux assurer encore, c'est que la promenade leur parut bien promptement terminée ; qu'ils ne cessèrent d'en vanter les agrémens, et que, néanmoins, ni l'un ni l'autre ne purent raconter ce qu'ils avaient dû voir, tandis que le reste de la compagnie traita savamment ce point.

Madame Saint-Olben reconnut avec joie que, depuis ce moment, Hélène regardait moins son fils, et que ce dernier paraissait plus satisfait chaque fois qu'il s'approchait de mademoiselle de Courtenai. Elle crut avoir atteint au comble de ses vœux, et alors se mit à travailler avec une activité nouvelle aux préparatifs du bal qui devait achever de la placer à la tête de la haute société de Paris de cette époque. La liste des invités avait définitivement été arrêtée. Quelle peine on prit pour parvenir à la dresser d'une manière convenable ! On y voyait en tête, non par ordre alphabétique, mais comparativement au rang occupé dans le monde, toutes les notabilités du noble faubourg, qui boudent à demi seulement l'époque actuelle ; elles y renforçaient celles moins faciles à céder à la force des choses ; mais qui, en désespoir du triomphe prochain, consentent à prendre part à ce qu'elles appellent les Saturnales modernes. A la suite de ces noms illustres étaient les notabilités du moment, composées d'abord des familles de haute roture, anoblies par des emplois dans le gouvernement ; puis venaient celles de la banque majeure des industriels, qui font de l'humanité en grand, d'autant plus qu'elle rapporte davantage. Mais on s'était arrêté là : aussi y aurait-on cherché vainement cette troisième sorte de noblesse en épaulettes de laine, qui, aujourd'hui, pullule de toutes parts. Madame Saint-Olben avait mis de côté impitoyablement les officiers de la garde nationale et leurs chastes épouses, masse dansante et rafraîchissable, dont on ne peut se garrer, et qui occupe les premières places, et dévore les meilleurs gâteaux, soit aux Tuileries, soit chez M. Périer.

Ce fut en vain que le banquier réclama

dans ses salons des places pour les *Messieurs de* son bataillon : le bataillon fut repoussé avec autant de perte que la légion entière; et quand M. Saint-Olben voulut dire quelque chose de la reconnaissance et des égards qu'il leur devait, il lui fut aigrement répondu :

— Prêtez-leur de l'argent: je ne m'y oppose point; mais je ne les ferai pas danser avec l'élite de la France et le reste de la noblesse de l'Europe. »

Le patriotisme des libéraux supérieurs s'accommode très-bien avec l'aristocratie étrangère, et a une répugnance invincible à se confondre avec ce monde des études et des comptoirs, dont cependant naguère lui-même vient de sortir.

XIV.

L'INTRIGANTE DÉSAPPOINTÉE.

Honteux comme un renard qu'une poule aurait pris,
Serrant la queue et portant bas l'oreille.
La Fontaine.

Le domestique d'Éleuthère entra dans la chambre de son maître :

— Une dame, dit-il, demande à parler au baron de Courtenai.

— A moi? une dame...

— Oui, monsieur.

Éleuthère se parlant à soi-même :

— Que me veut-elle?... faites entrer.

Et aussitôt la galanterie lui inspira d'aller au-devant de cette inconnue; il sortait déjà lorsque le valet lui annonça madame de Merseil. Ce nom inconnu ne fit qu'éveiller la curiosité d'Éleuthère; il se hâta de jeter un regard rapide sur celle qui venait ainsi le chercher dans sa solitude... Ce regard suffit pour lui faire connaître à peu près à qui il allait avoir affaire; il n'était pas assez étranger au monde pour ne pas savoir deviner, aux formes extérieures, qui l'approchait; il ne diminua rien toutefois de l'urbanité de son accueil, prit respectueusement une main qui lui fut abandonnée avec assez de grâce, conduisit la survenante à un fauteuil auprès de la cheminée, se plaça sur une chaise à côté, et alors se dit aux ordres de madame de Merseil.

Celle-ci, comptant sur sa beauté peu commune, sur l'élégance de sa parure et sur son manége, était certaine de conduire à son gré une entreprise toute d'intrigue et délicate, et dont les conséquences pouvaient avoir de grands développemens. Quoique Lomont l'eût prévenue de ce qu'était le baron de Courtenai, elle avait cédé au préjugé des Parisiens que hors leur ville il n'y a jamais mérite complet, et que, bien qu'on fût d'une naissance illustre, on devait avoir les formes provinciales et une ignorance totale des ruses qu'à Paris on tend avec un art extrême aux étrangers peu adroits.

Mais si elle pensait ainsi, la seule vue d'Éleuthère lui inspira d'autres idées, et elle craignit de s'être exposée témérairement. Ce n'était point le gentillâtre dont elle s'était fait une idée plaisante; c'était un homme qui en imposait par sa supériorité tranquille, et par la raison qui brillait dans ses yeux. Si Eugénine avait pu reculer ce qu'elle avait à dire, ou si, par bonheur, elle eût vu Éleuthère avant d'être contrainte à lui parler, elle se serait bien retenue de céder à l'impulsion de Lomont. La chose n'était plus possible; il fallait maintenant confaire jusqu'au bout l'aventure ; c'est ce qu'elle fit en s'exprimant ainsi :

— C'est bien à monsieur le baron de Courtenai que j'ai l'honneur de parler ?

— A lui-même, madame, répondit Éleuthère, que ce mot *honneur*, placé si peu convenablement dans la bouche d'une femme en s'adressant à un homme, acheva de prouver ce que ses yeux lui avaient déjà appris. Il se tut après ce peu de mots, attendant que l'inconnue s'expliquât et impatient de savoir ce qu'elle lui voulait.

— Monsieur, reprit-elle en donnant à sa voix une expression triste qu'elle avait oublié de prendre jusque là, et dont le disparate avec son ton précédent surprit Éleuthère, vos rapports de famille avec les Saint-Olben, votre haute réputation de probité m'ont déterminée à m'adresser à vous.

Elle s'arrêta de nouveau, une sorte d'oppression paraissant lui couper la parole. Le baron de Courtenai, qui, malgré lui, se méfiait d'elle, ne lui dit rien de ce qui aurait pu lui inspirer de l'assurance, et s'était déjà convaincu qu'elle n'en manquait pas.

— Oui, monsieur, en vous qui serez désormais ma seule espérance, mon soutien, mon sauveur; car je suis très-malheureuse.

Ce début promettait.

— Votre cousin Lucien Saint-Olben...

— Madame, dit Éleuthère, permettez-moi de vous interrompre; vous me paraissez mal instruite du nœud qui me lie à ce jeune homme; ma sœur est sa cousine-germaine, il n'est aucunement mon parent. Je crois devoir entrer dans ces détails avec vous, car il me paraît que vous avez à m'entretenir d'affaires particulières qui le concernent : peut-êtrene vous conviendra-t-il plus de les communiquer à quelqu'un qui ne lui appartient pas?

Cette déclaration contraria Eugénine; elle savait bien ce que son amant était à Éleuthère, mais elle aurait voulu pouvoir l'ignorer, afin d'être en quelque sorte plus en droit de poursuivre. La franchise du jeune Courtenai la déconcerta; elle hésita un instant sur ce qu'elle devait faire : son embarras éclata malgré elle; mais tout-à-coup, reprenant une nouvelle résolution de poursuivre son but, elle persista et se mit à dire :

— J'aurais préféré sans doute que M. Lucien fût autre chose que votre allié; n'importe, il me suffit que vous lui soyez attaché par mademoiselle votre sœur. Cela vous portera à vous intéresser à ce qui me reste à vous apprendre.

Eugénine s'arrêta, espérant un encouragement de la part d'Éleuthère, qui, loin de répondre à son attente, demeura immobile, dans l'attitude d'une personne préparée à écouter avec soin. Force fut donc à elle de poursuivre sans que nul secours lui fût accordé.

— Je suis bien à plaindre, monsieur, très-malheureuse, je vous assure. Née pour un meilleur sort, conduite à la vertu dès ma jeunesse première, j'ai perdu mes parens lorsque j'atteignais à peine l'âge de raison. Demeurée seule, sans presque aucun appui, je ne trouvais de consolation que dans mon innocence. Je grandis : le monde s'occupa de moi. J'évitai les piéges qu'on me tendit : ce fut, hélas ! pour tomber dans ceux d'un séducteur plus habile, de votre parent... je me trompe... de votre ami.

— Et en ceci vous errez encore, dit froidement Éleuthère.

— Depuis lors, j'ai vécu moins heureuse que souffrante. Je me reproche ma faute; je souhaiterais ardemment de reconquérir l'estime publique perdue, grâce à mon amant. Je suis d'une famille à pouvoir frayer avec la sienne, je crois... Oserais-je l'avouer, que mon déshonneur ne tardera pas d'être complet. Ah ! monsieur de Courtenai, je vous en conjure à genoux, aidez-moi de votre intervention puissante ; décidez le père et la mère de Lucien à m'accorder le titre de leur fille : je m'en rendrai digne par la tendresse que je leur porterai.

Au moment où Eugénine avait dit *Je vous en conjure à genoux*, elle s'était mise en mouvement d'exécuter ce moyen oratoire; mais un geste rapide d'Éleuthère s'y était opposé. Tandis que sur la figure de celui-ci on voyait combien cette scène lui devenait désagréable, c'était pour l'intrigante pire que si on l'eût sifflée. Une portion importante de sa trame manquait dès qu'elle n'inspirait ici ni pitié ni intérêt. La tranquillité, opposée à sa véhémence et à sa douleur prétendue, la glaçait à son tour: aussi, jouait-elle mal un rôle que, dans sa chambre, elle répétait à merveille. En vain cherchant à se maintenir dans une fausse exaltation, elle espérait colorer chaudement sa démarche. Elle n'y parvenait point, et une voix maligne semblait crier à son oreille: Baissez le rideau, la farce n'a pas de succès.

Éleuthère en l'écoutant, et loin de deviner la perversité de son âme, ne reconnaissait pas en elle ce désespoir de la vertu trahie, de l'innocence amenée par l'amour vers un précipice fatal. Que lui importait au fond que cette femme fût ou non coupable? Un fait existait, et il suffisait pour lui: l'immoralité patente de Lucien, soit qu'elle eût amené la perte d'une personne sage, soit qu'elle le portât à vivre avec une qui ne l'était pas. Cette découverte augmentait la sorte d'éloignement, qu'un sentiment involontaire lui avait déjà inspiré pour le fils du banquier. Il en aurait eu peu de peine, s'il n'eût songé à sa sœur en position de le voir fréquemment, et par suite d'être exposée peut-être à des séductions.... Eleuthère frémit dans son ame à cette pensée. Il sut néanmoins taire ce qu'il éprouvait, et s'il forma des projets pour l'avenir, il n'en fit rien connaître à mademoiselle de Merseil qui épiait tous ses mouvemens. Il fallait cependant répondre à la demande de cette étrangère. Il le fit en peu de mots, exprimant ses regrets de ne pouvoir se charger d'une commission aussi pénible. Il se représenta lié trop nouvellement avec les Saint-Olben, et surtout avec

Lucien pour faire auprès de lui le rôle d'un redresseur de torts; qu'en conséquence il ne pourrait répondre dignement à la confiance qu'on lui manifestait.

Eugénine n'en souhaitait pas davantage. Certes, jamais elle n'avait imaginé d'amener Lucien par force, pour ainsi dire, à l'épouser: ce serait une sottise de celui-ci qui pouvait être attendue seulement du temps et de sa faiblesse. Le but qu'elle s'était désigné était rempli en entier, dès-lors que le baron de Courtenai savait pertinemment que celui dont on chercherait à faire le mari de sa sœur menait une vie désordonnée. Cependant, pour éviter de laisser soupçonner la vérité, Eugénine insista de nouveau, essaya de vaincre la réserve inflexible d'Éleuthère; et, ne pouvant y parvenir, se retrancha au moins à lui demander sa parole d'honneur de taire à tous la démarche désespérée qu'elle venait de faire auprès de lui.

— Quant à ceci, madame, répondit-il, il m'est facile de vous le promettre. Je m'engage, non pas à oublier ce que vous m'avez appris, mais à ne le répéter à personne de ma famille ou à celle des Saint-Olben ; je puis, avec d'autant plus de facilité, vous complaire que, selon toute apparence, lors même que vous n'eussiez pas insisté pour que je gardasse là-dessus un silence profond, je me serais défendu d'en rien faire connaître, la matière n'étant pas assez agréable pour en parler sans nécessité.

Eugénine, essayant de verser des larmes perfides, remercia M. de Courtenai de sa condescendance; exalta sa vertu, qu'elle maudissait intérieurement; car parmi les chimères qu'elle se créait avant cette entrevue, la moindre n'était pas celle qui consistait en l'espérance de séduire à son tour l'homme dont elle osait implorer l'appui; mais il lui fallut abandonner promptement cette pensée présomptueuse. Sa beauté échoua contre son manque de vertu, la fille du monde éclatant en elle bien mieux que l'amante abandonnée.

Le baron de Courtenai, conservant sa froideur première, tandis qu'Eugénine lui parlait pour la dernière fois, et son silence se perpétuant, il fallut se résoudre à se quitter. Mademoiselle de Merseil le fit avec une résignation apparente, tandis qu'une colère profonde agitait son cœur. Elle venait d'être repoussée avec perte, bien, je le répète, qu'elle eût obtenu le point majeur de ses sollicitations ; mais cela ne suffit pas à notre sexe. Il lui faut au-delà ; il se retire toujours triste lorsqu'un hommage particulier lui est refusé. Nous avons un tel besoin de plaire, même à ceux que nous ne daignerions pas regarder, que ne pas obtenir ce triomphe nous jette dans un mécontentement dont aucun autre succès ne nous dédommage.

Éleuthère accompagna Eugénine jusque sur l'escalier, mais ne descendit point avec elle, et négligea cette partie du cérémonial à cause de la position sociale de la prétendue affligée. Il est des égards qu'on ne doit pas accorder au vice : on ne lui en prodigue déjà que trop. Mademoiselle de Merseil, plus à son aise quand elle fut dans la rue, monta précipitamment dans la voiture qui l'avait amenée; et là, exhalant sans témoins son dépit et sa mauvaise humeur, se promit néanmoins de poursuivre ses intrigues, de manière à se venger elle aussi de la froideur insultante du baron de Courtenai.

Ce dernier, rentré dans son appartement, ne put y trouver le repos. Des pensées pénibles et tumultueuses l'agitèrent en foule. Un pressentiment douloureux lui fit craindre les conséquences du séjour d'Hélène chez les Saint-Olben, et convenir de la nécessité de l'abréger : ce n'était pourtant pas facile. Le terme de trois mois avait été convenu, un encore n'était pas écoulé. Et comment rompre subitement une parole, engagée sans motif apparent? car il ne concevait ni la possibilité de la retirer tout à coup, ni celle de pousser son aïeule à manquer aux parens de sa sœur.

Éleuthère, d'un autre côté, ne pouvait

non plus laisser Hélène abandonnée aux entreprises de son cousin. Déjà même il avait cru apercevoir entre eux une sorte d'intelligence particulière, une affection supérieure à celle que le sang inspire, et toutes ces choses le tourmentaient. Il réfléchit profondément sur ce qu'il avait à faire, et, après une longue méditation, s'arrêta au parti décisif, selon lui, d'une explication indirecte avec Lucien, dans laquelle il lui ferait entendre combien mademoiselle de Courtenai devait être respectée, puisque d'aucune manière il ne pourrait jamais la posséder.

Ce jour était celui où devait avoir lieu le bal de madame Saint-Olben. La marquise d'Armenseine avait refusé d'y paraître ; mais le comte de Lombel et Éleuthère y tiendraient sa place, soit au dîner somptueux qui précéderait le bal, soit au bal même. Éleuthère remit au surlendemain la conversation qu'il croyait nécessaire d'avoir avec le cousin d'Hélène, et, encore tout préoccupé de ce que venait de lui révéler Eugénine, se disposait à sortir lorsque Georges entra.

Le jeune Grec, habillé avec une magnificence dont sa vanité aurait eu tant de joie en toute autre circonstance, parut devant son protecteur, non plus vif et gai comme autrefois, mais taciturne, chagrin et pâle. Ses yeux n'étincelaient pas des feux de son âge et de son caractère impétueux, et cette dissemblance de son extérieur à ce qu'il était encore à une époque peu éloignée, frappa Éleuthère trop vivement pour qu'il n'en demandât pas la cause. Georges soupira, baisa les mains qu'on lui abandonna; puis, serrant M. de Courtenai dans ses bras, lui dit d'une voix étouffée :

— Je suis malheureux !

— Toi, mon enfant ! Il me semblait que nous t'aidions à passer agréablement la vie.

— Crois-tu, répondit le Klephte, que les plaisirs remplacent les affections du cœur? Le mien souffre.

— Que peut-il avoir?

— Je te le dirais bien, si tu me promettais de ne pas te fâcher contre moi.

— Parle, Georges, et sois sans crainte.

— Ta sœur ne m'aime plus.

— Quel conte! Et hier encore elle t'a prodigué devant moi les témoignages de son amitié.

— Oh! non, elle ne m'aime plus, repartit Georges, tandis que des pleurs roulaient sur ses joues flétries, un autre occupe maintenant toute son affection : je ne suis qu'en second dans sa tendresse.

Une lumière terrible naquit dans l'esprit d'Éleuthère, elle lui fit apercevoir clairement ce qu'il redoutait; et, dans la frayeur que d'autres ne vissent trop clairement ce qu'il aurait voulu dérober à la terre entière, il prit une voix presque rude, et s'adressant à Georges :

— Fi! le vilain jaloux, dit-il. Penses-tu que ma sœur doive reposer sur toi toutes ses affections? n'a-t-elle pas des parens à chérir aussi? Allons, monsieur, que l'on se taise ; et que surtout on n'aille pas malignement rapporter ce qui n'a pas le sens commun.

— Jaloux! s'écrie l'enfant; jaloux! je ne le suis pas de madame Saint-Olben ni d'Athénaïs la belle. Sais-tu pourquoi, mon ami? C'est parce qu'Hélène ne les regarde ni ne leur parle comme elle fait à son cousin.

Éleuthère tressaillit ; Georges continua :

— Que je le hais ce Lucien ! Ah ! si j'étais sur les beaux rochers de l'Argolide !

— Que ferais-tu ?

— La fille de Courtenai ne pourrait plus adresser de si douces paroles au fils d'un valet de ses augustes pères.

Éleuthère frémit de nouveau, et, par un geste sévère, réprimanda le jeune Klephte, qui, baissant ses yeux ardens, cette fois comprit sa faute et se tut.

XIV.

UN ROOTH.

C'est une confusion... un tumulte... c'est le chaos, en grande parure et dans un appartement de Paris.
Souvenirs d'un Polonais.

Le luxe accoutumé de l'hôtel Saint-Olben avait disparu sous l'éclat d'une magnificence nouvelle. La riche décoration des appartemens de cérémonie, et de ceux qui venaient à la suite, était remplacée par une nouvelle plus brillante et mieux en rapport avec la fête qu'on y donnerait ce soir-là. Dès la cour, où des préparatifs nombreux annonçaient le vif désir des maîtres que tout prouvât l'étendue de leur richesse, ceux qui arrivèrent reconnurent l'éclat des nouvelles dispositions. Deux pyramides de lumière éclairaient la porte d'entrée. La longue allée découverte conduisant à la maison était ornée de chaque côté d'un rang d'orangers en lampions de couleurs, accommodés de manière à ce que la caisse, le tronc, les feuilles et les fruits rayonnassent d'une teinte différente.

Une tente immense en coutil bleu et blanc, avec de larges bandes d'étoffe rouge en bordures, des cordons et des glands pareils, recouvrait la moitié de la cour; là-dessous s'arrêtaient les voitures, pour laisser aux invités le loisir de descendre à couvert. Cette tente en dehors et en dedans était garnie de trophées militaires, composés avec les armes connues de tous les peuples anciens et modernes. Des candélabres gigantesques en bronze, des lampes ardentes attachées au ciel de la tente, l'éclairaient, tandis que, sur le perron de la façade, quatre trépieds garnis de feu embaumaient l'air de la vapeur des parfums qu'on y faisait brûler. Un tapis couvrait les marches, et deux suisses vêtus d'une superbe livrée de fantaisie... (deux suisses chez un banquier!) ouvraient aux arrivans la porte en glace du vestibule.

Une douce chaleur saisissait agréablement dès qu'on mettait le pied dans le lieu, où l'œil se reposait avec plaisir sur des groupes de vases remplis de fleurs rares ou odorantes; d'autres vases, placés sur chaque marche de l'escalier, présentaient, au milieu de l'hiver, la richesse suave du printemps le plus délicieux. On montait sans faire aucun bruit, à cause de l'épaisseur des tapis d'Aubusson dont les degrés étaient couverts. Une clarté éblouissante descendait de la voûte, fournie par une multitude de torchères et de lampadaires de bronze; car tout conservait jusque-là une apparence de sévérité de goût, employée à contraster avec la somptuosité brillante de l'intérieur des appartemens.

Ici, chaque salle, ornée d'une décoration particulière, rivalisait avec les autres de splendeur, d'élégance, et formait à elle seule un ensemble de richesses et de grâces qui, néanmoins, paraissait dépassé par celle venant à la suite. C'étaient tour à tour le luxe des Romains au temps de l'empire, des Grecs chez Périclès ou chez Aspasie, des peuples de l'Europe au moyen-âge, des cours de François Ier, de Louis XIV et de son successeur, du sultan de Constantinople, du sophi de Perse et de l'empereur de la Chine; l'ancien Mexique, les temples du soleil au Pérou, les pompeuses salles où les souverains du Mogol et de Siam recevaient leurs sujets, enfin les merveilles de l'architecture des Péris, décrites dans les Mille et Une Nuits, tout cela se retrouvait en réalité à l'hôtel Saint-Olben. On allait d'un enchantement à un autre, d'un admirable tableau à un plus séduisant; et puis l'œil entraîné se perdait au milieu de ces étoffes d'or, d'argent, de soie, si radieuses, de ces marbres précieux, de ces ornemens si resplendissans, si frais et si nouveaux. Les meubles bizarres dans leurs formes, l'éclat des dorures, de la blancheur de l'albâtre, le parterre diapré des porcelaines, les mille et mille bougies disposées en étoiles flamboyantes, ces torrens de lumière qui surgissaient de tous côtés; et puis tant de femmes parées avec une magnificence rehaussée par le bon goût et souvent par de la beauté; ce mélange de plumes, de fleurs, de diadèmes de toutes formes; ces pierreries semées sur des colliers, des agrafes, des corselets précieux par leur matière principale; ces robes chargées d'étincelles, de bouquets, de nœuds; ce cliquetis de lueurs que lançaient et les diamans et les tuniques de dentelles brodées d'acier, et ces roses à feuilles d'or, et ces guirlandes lamées ajoutaient à la richesse de l'ensemble, à la merveille de la réunion.

Une musique délicieuse, disposée en plusieurs endroits, et avec assez d'art pour que l'effet n'en fût pas confus ou discordant, des airs exécutés par les premiers artistes, achevaient de compléter la magie de cette soirée, telle que dans un palais on n'aurait pu en donner une qui lui fût supérieure.

Chacun des invités, quelle que pût être d'ailleurs la disposition particulière de son âme, apportait chez madame Saint-Olben un visage à l'avenant de la fête. On n'entendait que des propos joyeux, que des éclats de rire comprimés par les exigences de la politesse : on aurait dit que le bonheur était là…. S'il ne s'y trouvait point, il y avait celle qui le remplace à Paris principalement, l'irréflexion régnait en souveraine, l'irréflexion, cette fée de nos temps modernes, qui nous enivre de la liqueur dont est sans cesse remplie la coupe qu'elle tient en ses mains, déesse adorée par la foule qui danse avec tant de sécurité autour d'un volcan, c'est elle qui fait oublier et le chagrin du cœur et la détresse qui nous menace. On l'embrasse vivement, afin d'échapper à la prévision son ennemie mortelle, et dont l'approche nous est affreux tant la réalité nous fait peur.

Nul, parmi ceux réunis à cette fête, n'aurait voulu se rappeler les soucis qui l'assiégeaient une heure anparavant, et les angoisses prêtes à le reprendre lorsqu'il sortirait de ce séjour enchanté : tous, à l'exemple d'un général lacédémonien, répétaient en chœur : « A demain les affaires sérieuses. » C'en était une très-importante pour la financière que celle de remplir pleinement son but ; elle n'avait rien épargné de ce qui ajouterait à l'attente générale. Son ambition de surpasser toutes les personnes de sa connaissance, et de lutter avec celles placées au premier rang de la société, se trouva pleinement satisfaite. Elle entendait autour d'elle un cri d'approbation, de satisfaction uniforme. Les louanges ne tarissaient pas, prodiguées à son goût exquis, à son luxe et à ses *manières nobles* : l'envie elle-même admirait enfin.

Madame Saint-Olben, placée dans le salon principal auprès de la porte et près d'une galerie qui se prolongeait dans une perspective magique, recevait les dames, dont un valet de chambre, à la voix de Stentor, proclamait les noms, de manière à les faire retentir jusque dans les parties les plus reculées de l'appartement. Cette cérémonie devenait la plus agréable pour la maîtresse de la maison. C'était la récompense douce des tracas préliminaires de sa soirée; car elle constatait la qualité des personnes appelées à en prendre leur part. C'étaient des princesses, des duchesses, des femmes titrées, l'élite de la France et de l'Europe, la réunion la plus féodale qui pût avoir lieu dans un royaume constitutionnel, et où la noblesse d'argent est investie aujourd'hui du premier rôle. Ce n'est pas que de loin à loin quelque nom obscur ou barroque ne fût jeté à l'oreille des assistans; mais de grandes richesses ou des places honorables leur servaient de supplément d'illustration.

Le prince royal, que l'on trouve partout

où l'on s'amuse, cet arc-en-ciel du nouveau régime, et qui n'avait pas encore fait sa glorieuse course à Lyon, ni conquis ses lauriers de la campagne de Belgique, venait d'arriver, à la satisfaction délirante des Saint-Olben, mari et femme : celle-ci, heureuse encore d'un tel excès d'honneur, s'en félicitait modestement en la compagnie de madame Gromelier, l'une des sommités les plus fières de la banque, et dont le cœur en ce moment était rongé d'une jalousie profonde, à l'aspect detant de splendeur sous laquelle la sienne était étouffée.

La financière, devinant ce qu'elle éprouvait, s'attachait, par ses paroles, à enfoncer davantage le trait cruel, lorsque, dis-je, le valet de chambre, vraie machine à bruit et point à intelligence, annonça, avec un redoublement d'effort, comme s'il y eût entendu malice, M. et madame Lebarnon... Les Lebarnon au bal Saint-Olben ! des marchands en détail de bas et de bonnets de coton !... Quel revers !... quelle honte !... qui les avait invités.... d'où venaient-ils!.... La femme était bien la meilleure amie que la maîtresse de la maison avait eue dans sa jeunesse. Cette intimité continua tant que la première, *épouse* et puis veuve d'un colonel *parvenu*, n'eut pas convolé en secondes noces; mais dès ce moment, et lorsque sans respect pour son amie Saint-Olben, elle se fut déterminée à s'établir dans une simple boutique, au beau milieu de la rue Saint-Denis, crime commis il y avait peu de temps, tous rapports, toute intimité furent rompus. La grande dame de la Chaussée-d'Antin se retira de la marchande bourgeoise, et voici que cette dernière encore non seule, mais en la compagnie de son *cher mari*, arrivait en véritable mouche pour salir la blancheur du pot au lait financier : c'était un de ces crève-cœurs, un de ces désappointemens contre lesquels on demeure sans force et sans courage.

Le rire disparaît des lèvres de madame Saint-Olben, et la parole y expire en même temps; tandis que, charmée de prendre sa revanche, madame Gromelier ramenait le contentement sur ses traits, la femme du banquier cherchait à se retirer derrière elle afin de laisser passer la survenante sans lui parler; mais par un mouvement calculé avec art la maligne spectatrice la laissa paraître en pleine clarté, alors les Lebarnon venant à elle :

— Pardi, madame Saint-Olben, s'écria le mari, il vous en coûtera gros pour réparer le trou que cette soirée fera aux sacs du gros père Mathieu; car c'est, je crois, le nom véritable de votre époux..... Dam, messieurs, poursuivit-il en s'adressant à un duc du nouveau régime et à un marquis de l'ancien, il faudrait tout de même que je vendisse une fière partie de bas de coton et de bonnets de laine si je voulais illuminer mon arrière-boutique rien qu'à la façon de l'escalier que je viens de monter... c'est qu'elle est grande mon arrière-boutique!......

A mesure que le marchand en détail poursuivait sa période en haussant la voix, un cercle se formait autour de lui, et déjà une sorte de foule obstruait le passage. Madame Saint-Olben, suffoquée de désespoir et de colère, était prête à s'évanouir; tandis que son amie, accoutumée à la conversation triviale de son seigneur et maître, n'y faisant aucune attention, la remerciait d'avoir songé à elle en l'envoyant inviter, par billet, à prendre sa part à une fête si *cossue*.

Madame Saint-Olben, incapable de répondre, balbutiait des mots sans suite, persuadée qu'on l'avait mystifiée, car elle avait positivement exclu de la liste les deux Lebarnon, et soupçonnant la bonne dame Gromelier d'avoir joué le rôle principal dans cette aventure, qui se prolongeait péniblement pour elle, lorsque fort à propos fut prononcé le nom de la princesse de la Moskowa et du prince son mari. La financière se hâta d'aller presque en dehors de la salle recevoir le couple qui la sauvait, abandonnant les Lebarnon, qui, charmés de se voir en aussi bonne compagnie, allèrent plus loin, l'*époux* disant à son *épouse* :

— Que j'aurais bien fait d'emporter ici deux cents de nos adresses, je les aurais placées toutes, et demain la vente n'en eût pas été plus mauvaise.

La pensée un instant lui vint de les aller chercher, mais il n'osa sortir à pied, et il calcula ce qui lui en coûterait en voiture.

La foule augmentait, et déjà on circulait avec peine dans cette suite de vastes salles, dans cette galerie si brillamment décorée ; une sorte d'ordre s'établissait au milieu de cette confusion, chacun s'approchait des personnes de sa caste ou de sa société. Les nobles familles d'autrefois, qui se connaissaient toutes, formaient, dans une pièce écartée, un cercle particulier dont les succursales correspondaient avec lui; ceux en possession de courtisanner au Palais-Royal tâchaient, avec une dignité honteuse, de se rapprocher de ce cercle hautain, peu disposé encore à la fusion si ardemment souhaitée par ceux qui seuls ont à y gagner.

La robe, ou pour mieux dire les avocats, avoués, notaires appelés au bal Saint-Olben, eux et leurs moitiés orgueilleuses à cause de leur titre de député ou de fonctionnaires publics, s'agglomérait dans une autre partie de la maison, espérant lutter de luxe sinon de grâces, avec leurs fiers voisins; on entendait partir de ces groupes des éclats désordonnés de voix glapissantes, des rires sans retenue, des tutoiemens de mauvais ton, des plaisanteries tellement lestes que les dames présentes en auraient rougi si ce n'eût été trop petites filles.

Il y avait encore l'industrie supérieure, les manufacturiers tyrans féodaux de l'époque actuelle, eux qui établissent une distance si profonde entre leurs rangs et les nombreux ouvriers qu'ils emploient, eux véritables grands vassaux de la couronne constitutionnelle. Ici on était roide, froid, guindé, on s'observait réciproquement;

chaque maison collective ne voulait ni prendre ni accorder aucun avantage; on se combattait par dates, par chiffres, par états d'achats et de ventes. La fabrication plus ou moins étendue faisait des ducs, des barons de commerce bien autrement superbes que ceux des temps héraldiques.

Une autre division s'établissait encore; celle-ci rassemblait les crésus de la finance, qui, dégagés de toute opération mercantile, de tout contact avec les détaillans, se croyant d'ailleurs purifiés par l'or et les billets de crédit qu'ils maniaient sans cesse, s'élevaient dans leur opinion jusqu'à une région supérieure : c'étaient des princes, des espèces de rois très-connus au temps qui court; ils étaient maintenus dans cette sorte de grandeur par leurs rapports journaliers avec les souverains en exercice de l'Europe, qui, venant puiser à leur caisse, les en payaient non-seulement à beaux deniers comptant, mais encore en gloriole, en honneurs profanés par cette concession en vaine fumée que ces affamés prennent pour une pâture solide.

C'était bien là qu'on retrouvait les formes emphatiques, solennelles, la gravité ridicule dans sa permanence, l'*idolisme* de soi-même (je crée le mot, il rend ma pensée), mais cent fois plus encore y apercevait-on, mal déguisées sous la forfanterie d'une bouffissure déguinguandée, l'envie dévorante, la crainte de servir de marchepied à l'élévation d'un ami. Chacun, dans cette réunion, se tenait à part soi, évitait de faire la moindre prévenance, s'observait, compassant le geste, la parole, le regard; enfin, ambassadeurs en permanence de leur caisse, la seule pensée qui les occupait était d'éviter tout ce qui pourrait en diminuer la masse et la dignité.

Dans les premières salles et où la multitude affluait restaient les passe-volans, les gens sans conséquence (sans richesses), les artistes, les littérateurs, les savans, les militaires de haut grade qui, à force de se courber devant quiconque s'élève, ont fini par ne plus être aperçus ni comptés nulle part. On sait qu'ils arriveront au plus vite partout où le succès se manifestera; dès lors à quoi bon les cajoler à l'avance : ce sont de brillans valets à la suite de la fortune; ils assistent à la chute des trônes qui les paient pour les soutenir; l'action est dans le peuple ; là, le souverain travaille, c'est le contraire de tous les autres royaumes, où le roi ne fait rien.

Ce monde énorme si bien paré, si joyeux, se confondait cependant quelquefois, grâces à la vivacité de la jeunesse ou dansante ou républicaine : celle-ci, reconnaissable à son costume, daignait non moins prendre part aux plaisirs de la résistance, ou plutôt venait braver le juste-milieu dans son sanctuaire. Brutus dansait à côté de la *chair de sa chair;* Caton adressait de tendres œillades à une jolie comtesse du défunt saint empire romain, et Miltiade flattait de son mieux un gros notaire qui pourrait faire de lui un jeune clerc.

Or Brutus, Caton et Miltiade étaient les trois amis de Lucien, Théophile, Charles et Adolphe, venus au bal à la faveur de la protection du fils de la maison, bien que leurs noms n'eussent pas figuré sur la liste majeure. Il y a partout des gens non invités, mais habiles à venir effrontément où on ne les appelle point : tel est cet huissier chassé du bal de la duchesse de Berry, tels ces deux garçons limonadiers, mis en prison pour avoir voulu plus tard se faufiler dans l'un de ceux de Louis-Philippe. Les trois républicains, effrontés autant que s'ils eussent été des doctrinaires, allaient continuellement de la danse au buffet : leur mépris des grandeurs de la terre ne les quittait pas lors même qu'ils leur rendaient hommage.

Charles, par exemple, venait de finir une longue tirade contre la distinction des rangs, lorsqu'il se mit à turlupiner l'honnête marchand de bas Lebarnon, et à plaisanter de son admission en bonne compagnie.

Les contredanses se succédaient rapidement; la musique cessait rarement de se faire entendre : et, plus la soirée s'avançait, et plus l'allégresse augmentait parmi une jeunesse ardente se livrant au plaisir de la danse. Les femmes, belles de leur douce ivresse, des complimens qu'on leur adressait et de l'effet produit par leurs charmes, allaient et venaient avec une espèce de délire entraînant que les hommes partageaient. C'était un spectacle enivrant que cette union de tout ce qui pouvait séduire, que ce mélange de luxe immobile, celui de la décoration de l'appartement, et de luxe animé. Que ces parures resplendissaient de richesse et de fraîcheur; que ces glaces gigantesques avaient à réfléchir de groupes variés étincelans du feu de l'or et des pierres précieuses, de vives illuminations des lustres en cristal de roche rayonnans de tous les reflets du prisme, et lançant au loin des éclairs colorés !

On croyait errer dans le palais de Sylphirie, lorsque les intelligences éthérées s'y donnent rendez-vous pour y célébrer la fête de l'aurore ou celle du soleil couchant. Ici comme là, on remarquait une confusion d'objets radieux, légers, pleins de grâces, des nymphes, ornées de plumes légères, de fleurs suaves, de perles chatoyantes. On errait au travers des groupes animés, voluptueux, égarés par tout ce qui trouble les sens; et de temps à autre, comme pour servir de contraste, passait une figure lourde et massive, chargée de cordons, de plaques, un des grands de ce monde; et, à son approche, la foule s'écartait, la familiarité prenait une teinte plus sévère, la gaîté suspendue attendait qu'il se fût éloigné pour recommencer ses éclats, pour se livrer à de nouvelles folies.

Des valets en grand nombre, et vêtus d'une livrée où l'on avait tâché de réunir l'opulence à ce qui constitue le goût parfait, circulaient à chaque instant, chargés de plateaux du Japon, ou de longues corbeilles d'argent, garnies de punch, de rafraîchissemens, de fruits glacés et de pâtisseries de toutes formes; les cornes d'abondance ne s'épuisaient jamais, tant de fois elles étaient renouvelées; et, lorsque chaque danseur avait apporté à la jeune femme, sa partenaire, un verre de cristal, taillé miraculeusement, tout aussitôt une agitation nouvelle, une effervescence plus prononcée recommençaient dans les salles du bal; et la ronde plus animée, plus rapide, plus impétueuse commençait à dégénérer en bacchanale de bonne compagnie, en galoppade encore contenue par l'étiquette inflexible de la pendule, retardant l'heure où il serait permis de s'y livrer entièrement.

Hélène de Courtenai assistait pour la première fois de sa vie à un spectacle pareil; sa vie paisible et uniforme avait connu pour tout divertissement quelques danses sans cérémonie, sur le gazon, aux fêtes des villages voisins. Là, point de frais de lumière; le soleil y suppléait. Les arbres, les prairies riantes, des côteaux dans le lointain, chargés de belles récoltes, snffisaient à la décoration de la salle de bal, dont le dôme était la voûte du firmament elle-même. Hélène donc ne pouvait s'être fait à l'avance une juste idée de ce qu'elle verrait à la soirée de sa tante. Elle s'était peu occupée des soins à donner à sa parure, à laquelle madame Saint-Olben avait présidé avec une sollicitude particulière. Il s'agissait pour celle-ci d'un grand problême à résoudre : conserver la simplicité, commandée impérieusement par l'âge de mademoiselle de Courtenai, et néanmoins la vêtir et la coiffer de manière à ce qu'on ne la confondît point avec ces *jolies tapisseries* qui forment la toile de fond de tous les bals à la mode.

Grâce aux doigts divins du coiffeur...., à la main non moins féique de madame...., rien ne manquait de ces combinaisons extérieures qui relèvent avec tant d'avantage la beauté d'une jeune personne. Celle d'Hélène aurait embelli la toilette la plus commune; à plus forte raison devait-elle resplendir à l'aide de tout ce qui répare la laideur, et de ce qui parvient à la rendre supportable. On doit le dire, Hélène parut véritablement éblouissante quand elle sortit du travail des deux habiles metteurs en œuvre. Madame Saint-Olben, en la voyant, se dit aussitôt: « Telle j'étais à ma seizième année. » Athénaïs, bien que charmante, disparut complétement éclipsée par la vivacité de cet astre nouveau.

Il fallait voir Georges, le Klephte, assis sur un coussin de velours, demeurant immobile, la bouche ouverte, les yeux stupéfaits, perdu dans la contemplation d'Hélène, et certes bien persuadé que la Panagia du ciel n'était pas supérieure en attraits à celle dont la présence enchanteresse faisait battre son cœur si délicieusement; mais un coup douloureux le frappa dans ce moment d'extase : la venue de Lucien, admis auprès de sa cousine avant qu'elle entrât dans les salles destinées à la fête.

Lucien, à l'aspect d'Hélène, poussa un cri,

un cri dont la portée se prolongea loin ; car, en réponse, une vive rougeur couvrit le front d'albâtre de la jeune fille, et en même temps il parut dans son regard quelque chose de si doux et de si passionné, que madame Saint-Olben eut fort à faire pour retenir sa joie, et que l'enfant Klephte, sans savoir pourquoi, passa d'une satisfaction extrême à une tristesse sombre. Il la manifesta en se levant précipitamment de son siège, et en courant se cacher derrière les rideaux d'une croisée, selon sa coutume, lorsqu'il voulait pleurer librement. Hélas ! Hélène ne s'aperçut pas de sa retraite ; elle voyait trop l'amour de Lucien, et s'applaudissait, dans son innocence ignorante, d'être assez belle pour mériter un tel ravissement.

L'heure pressait, les voitures arrivaient déjà, et la famille Saint-Olben se rendit à son poste; Lucien donnant la main à Hélène, et on oublia Georges dans la retraite de moire qu'il s'était choisie. Le pauvre enfant y demeura long-temps encore abattu par sa dou leur, par sa jalousie ; car il aimait, avec la violence d'un homme fait et l'ingénuité de son âge, celle qui l'abandonnait ainsi : il aurait voulu mourir. Il répandit de nouveaux pleurs, se dépita, se frappa le front, se jura de ne point prendre sa part de cette fête dont il avait tant admiré les préparatifs.... Mais bientôt parvinrent à lui les sons mélodieux des instrumens à vent ; un coup d'œil qu'il jeta au travers de la fenêtre, lui montra l'hôtel illuminé par les feux de couleurs. Il fit un pas en avant, puis deux, puis alla jusqu'à la rampe de l'escalier. Enfin, quoique son cœur battît en lui reprochant sa lâcheté, il acheva de franchir la distance, et se mêla parmi les invités.

XIV.

QUELQUES SCÈNES DU MONDE.

●

Les flots courent selon les ris qui les poussent, et dans la société, les hommes non plus ne naviguent jamais contre le vent de la fortune.
Recueil de maximes.

●

Le maître de la maison, cachant sous une indifférence affectée le plaisir que lui faisaient éprouver les marques d'approbation que l'on donnait à la fête, allait et venait au milieu de tant de gens, qui la plupart ne le connaissaient point. Ceux plus habitués aux formes de la vie le devinaient à sa marche ferme, à son regard interrogateur, à la déférence manifestée pour lui. Les domestiques passant auprès, il daignait parfois leur sourire, et aussi, parfois, il adressait à droite et à gauche quelques questions polies, dont il écoutait rarement la réponse, tant un nouvel objet attirait bientôt son attention.

Sa froideur affectée disparut soudain. Dès que le prince royal fut entré, le banquier, ivre de joie de posséder un si haut personnage, se confondit en humbles salutations, et guida sa marche sur la sienne.

— Votre soirée est charmante, lui fut-il dit. Nous avons des remercîmens à vous faire du soin que vous prenez de diminuer la détresse du peuple en lui procurant les moyens de travailler.

Il répondit que c'était le but unique de la réunion actuelle, et qu'il chercherait toujours à convaincre le peuple du bonheur qu'il trouverait en soutenant le gouvernement nouveau.

— Aussi, sera-ce une dette dont on s'acquittera au jour très-prochain, où votre concours sera exigé, pour aider à faire mouvoir les rouages de cette machine gigantesque.

A peine ces derniers mots eurent-ils été prononcés à haute voix qu'un chuchottement animé s'établit à l'entour de Saint-Olben. Il trouva cent amis de cœur, empressés à l'environner et à le complimenter sur son entrée certaine au ministère. Combien, devant lui, on félicita la France de passer sous l'administration d'un homme aussi supérieur. Tous ceux présens avaient deviné son élévation, et même aidé à l'assurer à l'avance, par leur zèle, à faire ressortir son mérite éminent.

Lui, reprenant son rôle de modestie superbe, s'éloigna des flatteurs improvisés, et passa dans la pièce où se tenaient particulièrement les notabilités choisies par les fonctionnaires publics. Comme il y entrait, un de ceux-ci, qui avait entendu de loin le haut personnage parler à Saint-Olben, et se trouvant à côté du vicomte d'Urtal, qui paraissait accompagner celui-ci, lui demanda:

— Que vient-il de se passer?

— Une chose déplorable, répliqua le malin seigneur : le prince royal a dit avec regret à notre ami qu'il n'entrerait jamais au ministère à cause des préventions fâcheuses que le roi avait contre lui. Son altesse royale, en s'exprimant ainsi, paraissait véritablement désolée.

— Elle a tort. Pourquoi ce fat Saint-Olben s'en fait-il accroire; qu'il gagne des écus, à la bonne heure, c'est son métier, mais qu'il ne s'avise pas de prétendre à un portefeuille... Au demeurant, je ne suis venu à son bal que pour avoir l'occasion de rendre mes respects à son altesse royale.

A mesure que ce bon ami du banquier poursuivait, il élevait la voix; d'autres hauts fonctionnaires, prêtant l'oreille ou le questionnant, apprirent ce qu'il pensait savoir; eux-mêmes et sur-le-champ le répétèrent à d'autres, et en une minute, et comme par l'effet d'un coup de baguette, tous ces hommes d'état, sans en exempter un, défilèrent de la salle en évitant l'approche du disgracié, non moins que si le premier il eût apporté le *choléra morbus*, et ceci occasionna un mouvement assez bizarre, un encombrement complet à la porte principale, entre ceux qui voulaient éviter le pestiféré politique, et ceux, au contraire, empressés à saluer le ministre futur.

Le financier, qui croyait honorer les hommes du pouvoir en se rapprochant d'eux, éprouva une surprise extrême à les voir faire le plongeon devant lui et à s'esquiver le mieux possible lorsqu'il allait à eux. Il y en eut deux qui, moins agiles ou plus mal placés que les autres, ne purent se défendre d'échanger avec lui quelques mots, mais avec quelle sévérité familière, avec quelle dignité leste ils soutinrent cette conversation briève; leurs yeux erraient au loin, dans la frayeur d'être aperçus par le prince royal en causerie avec un personnage mal vu de son père.

Cependant, parmi cette foule de courtisans libéraux, il s'en trouva un, rempli de courage, de magnanimité même, et qui ne craignit pas de déployer en cette circonstance un caractère ferme, et dont il obtint beaucoup d'honneur. Celui-là, au lieu de s'échapper par une issue à sa portée, s'approcha résolument de Saint-Olben, et lui prenant la main :

— Mon pauvre garçon, dit-il, je prends une vive part à votre disgrâce; soutenez-la bien. Je viendrai souvent vous voir. Votre fête est magnifique; elle doit vous consoler de tout.

Il achève; et, sans donner au financier le loisir de répondre, il s'éloigne à son tour précipitamment.

Ce qui se passait dans le salon renversait à tel point les idées de Saint-Olben; il y voyait une conduite si différente de celle suivie ordinairement à la cour, que, ne pouvant par lui-même expliquer ce phénomène, il se retourna vivement pour chercher derrière lui qui lui en fournirait l'explication;

et alors il aperçut à son côté M. d'Urtal, riant de ce rire inextinguible des dieux de la mythologie d'Homère; il s'adressa à lui :

— Les comprenez-vous, vicomte? Ont-ils leur raison? ou entrent-ils tous en une époque de folie?

— Jamais, répliqua l'interpellé, ils ne furent plus en leur bon sens ; ils ont seulement reçu de moi la contre-épreuve de votre bonne fortune. Ils vous croient banni du Palais-Royal ; et dès-lors est-il convenable de pactiser encore avec vous?

A la suite de ce début, M. d'Urtal raconta ce qu'il avait dit; et le financier, l'ayant écouté, ne s'étonna plus de la *fugue* de ses excellens amis. Aussi avec quelle hauteur désespérante, avec quelle froideur de mépris les reçut-il lorsque chacun, à son tour, instruit de la vérité par ceux hâtifs à se précipiter à la suite du soleil levant, revinrent avec la foule le congratuler et féliciter leur illustre chef de la récompense tardive accordée à son mérite. Nul ne se formalisa de ses manières méprisantes ; ils voulaient tout souffrir de lui, et combien vint à lui le front radieux l'homme assez intrépide pour avoir osé lui parler; il se crut en droit de solliciter au moins un sous-ministère.

Tandis que ces scènes, communes parmi les habitués aux actes politiques, avaient lieu dans cette partie de la réunion, Hélène, accompagnée de son cousin, jouissait de tout le plaisir de la danse et de la splendeur de la fête. Sa tante, en passant auprès d'elle, et en l'appelant princesse de Courtenai, lui avait dit en riant : Tout ceci peut vous appartenir, mon enfant, si vous en avez envie. Et ces paroles jetées ainsi au hasard, avaient fait germer d'étranges pensées dans l'esprit de la jeune fille : n'était-ce pas lui dire qu'on voudrait la voir épouser Lucien, et Lucien était si empressé pour elle ; il revint à ses côtés, il la convia à figurer avec lui, la mesure les rapprocha. Le dessin de la contredanse exigea qu'ils eussent leurs mains unies. Lucien, en délire, osa presser doucement celles de sa cousine, qui aussitôt éprouva une telle émotion qu'une étincelle ardente s'alluma dans ses beaux yeux, ses genoux fléchirent, elle chancela. Lucien, s'en apercevant, allait la soutenir dans ses bras, quand deux personnages s'avancèrent à la fois. Georges le Klephte, qui d'une voix altérée dit à Hélène : Si tu souffres, appuie-toi sur moi; et le baron de Courtenai, dont la figure sombre contrastait avec la joie universelle, qui, s'approchant de Lucien, et lui frappant sur l'épaule :

— Monsieur, dit-il, le public ignore si vous êtes le parent de mademoiselle de Courtenai, et alors il serait convenable de témoigner pour elle moins d'empressement.

C'était faire descendre des régions célestes un homme auquel on parlait ainsi. Lucien désenchanté, car il se faisait la douce fiction qu'Hélène lui appartenait tout entière, reconnut avec une douleur pleine combien encore il était éloigné de la réalité de ce songe flatteur. La voix altérée, quoique retenue d'Éleuthère, résonna désagréablement à son oreille, et son cœur en même temps se contracta : une pensée soudaine lui rappelant la prédiction menaçante de Lomont, son valet-de-chambre, il frémit, et un nuage épais enveloppa son avenir.

Accoutumé d'une autre part à satisfaire toutes ses fantaisies, à jouir dans sa plénitude de la position fatale d'un enfant gâté, sachant que, dans le cours de la vie ordinaire, ses moindres désirs étaient accomplis; que son immense fortune devait aplanir tous les obstacles opposés à leur exécution; et, constamment environné de flatteurs souples à qui rien ne coûtait pour lui prouver leur *amitié sincère*, il ne pouvait s'empêcher de ressentir un mouvement de dépit et même de colère à la froideur presque sévère du baron de Courtenai qui, bien qu'usant d'un droit réel, son titre de frère, aurait pu ne point s'en servir à son égard avec autant de sévérité.

Tout ce que je décris agita rapidement sa

tête et son âme. Je dois y joindre en outre le besoin senti de ne pas irriter Éleuthère, et l'on aura un mélange complet de tous les sentimens qui durent être nuancés dans sa réponse. Il tâcha de la renfermer en des termes généraux, sans pouvoir toutefois se commander assez pour qu'elle ne conservât pas une teinte d'aigre mécontentement. Éleuthère l'entendit à peine, et peut-être même point, car presqu'aussitôt qu'il eut parlé, il emmena Hélène dans une chambre voisine où la foule était moins énorme, et où l'on respirait à demi.

Mademoiselle de Courtenai, violemment émue, bien qu'elle ne se crût pas coupable, avait été accompagnée, outre son frère, du jeune Georges, occupé à la soutenir dans ses faibles bras, ou plutôt à lui servir d'appui, tant sa taille était chétive, d'Athénaïs alors se reposant de la contredanse passée, et d'Elmonde Romérol, qui, depuis quelque temps, s'attachait à quitter sa rivale le moins possible, quoiqu'elle dût apercevoir l'intelligence innocente existant entre elle et Lucien. Ce fut avec plaisir qu'Éleuthère vit l'empressement de ces deux jolies personnes, il les en remercia avec autant de galanterie que de chaleur; et ne croyant pas sa présence nécessaire, car ce n'était qu'un léger éblouissement, il se retira un instant, emmenant avec lui Georges peu empressé de le suivre, et dont le regard fixe ne perdit pas de vue mademoiselle de Courtenai.

Comme Éleuthère rentrait dans la galerie où le bal avait lieu principalement, il fut arrêté par le comte de Lombel :

— Eh bien! mon neveu, que vous semble de cette fête?

— Elle est superbe.

— Quelle magnificence, quel luxe! En vérité, celles que les nôtres donnaient avant les deux révolutions n'en approchaient pas. Est-ce qu'il n'entre pas un peu d'envie en votre âme de tout ce que vous voyez ici?

— Non pas plus qu'il ne s'en établit dans la vôtre, mon oncle. Est-ce à nous à jalouser des richesses dont l'origine ne nous est pas bien connue, ou pour mieux dire que nous ne connaissons que trop : les fournitures l'ont commencée, et au temps de la république, quel est celui des entrepreneurs à qui la potence eût fait injustice ?

— Oh! mon neveu, vous êtes libre de généraliser davantage la proposition, répondit le comte en riant.

— Et la suite est, ce me semble, plus odieuse, c'est par l'agiotage, par les jeux infâmes de la Bourse que ce brillant édifice a achevé d'être construit. Non, non, je vous l'assure, je ne désire ni ne me soucie de partager ce que je vois ici.

— Il y en a qui, à votre place, tiendraient un autre langage, ils solliciteraient.........; mais vous êtes un Courtenai.

— Je suis un homme d'honneur, et non-seulement je me reculerais de ces grands biens, mais je verrais encore avec peine qu'ils fussent partagés par ceux que j'aimerais.

— Éleuthère, dit le comte, vous appartenez à un autre siècle; votre tort est d'être né dans celui-ci; je ne peux vous blâmer, ma pensée étant la vôtre; mais que de gens de notre rang chercheraient une femme parmi celles qui sont ici.

— Demander une femme uniquement à fortune, c'est à peu près s'adresser à l'enfer pour en obtenir le bonheur de la vie. La fortune est beaucoup sans doute, elle est presque tout pour certaines gens, et néanmoins contente-t-elle nos désirs entièrement; n'est-il rien en arrière d'elle qu'il faille rechercher: les convenances de rang, de famille, d'éducation...

— D'éducation, mon neveu; mais il n'est pas une de ces demoiselles qui ne coûte à leurs proches cinq ou six mille francs par an; elles savent le dessin, la musique, la danse, l'astronomie, l'histoire naturelle, la géographie, les belles-lettres, l'histoire, que sais-je?... rien ne leur manque.

— Vous faites semblant de ne pas m'entendre, répliqua Éleuthère; l'éducation, selon mon idée, n'est pas seulement ce que des maîtres payés cher peuvent répéter; j'y réunis comme partie obligée la pratique des qualités essentielles, des vertus, des bonnes mœurs non apprises à tant la page et au moyen des professeurs, mais enseignées par l'exemple, par la pratique particulière dans l'intérieur d'une famille; je veux que chez elles on inculque profondément dans le cœur ces maximes de chasteté, de retenue et d'honneur, cette haine du mensonge, de la moquerie, de la dissipation; que les filles reçoivent de leurs mères ces leçons, qui plus tard en feront à leur tour de dignes épouses; que la religion ne soit pas pour elles une chaîne de convention et entièrement d'extérieur; il faut qu'elles la reconnaissent un devoir sacré, qu'elles y voient la consolation dans le malheur, le frein de la prospérité, le besoin de quiconque veut bien vivre : voilà, mon cher oncle, ce que j'appelle l'éducation d'une femme; c'est, au demeurant, aujourd'hui, la partie dont on parle le plus, et que l'on met le plus rarement en œuvre.

— Vous faites bien de me parler à voix basse, dit le comte de Lombel; car si on vous entendait, vous passeriez pour un personnage ridicule. Comment, Éleuthère, vous creusez aussi loin, la superficie ne vous suffit pas? Vous êtes homme à refuser l'achat de la dorure actuelle, qui est le problême résolu de la pellicule la plus mince dont on puisse couvrir une matière quelconque; elle brille pourtant comme si elle avait l'épaisseur qu'on lui donnait autrefois.

— Et dans l'usage, tarde-t-elle à disparaître?

— Le siècle vous répondra que cela ne fait rien, il suffit que la feuille d'or luise quand on l'achète.

— Et de la femme élevée selon la maxime nouvelle, il en est donc la même chose, tout son mérite est d'apparence, et le lendemain de la noce, qu'en reste-t-il, mon oncle?

— Le fer ou le plomb caché sous la dorure du jour.

Cette manière d'épigramme très-inconvenante, surtout dans les salons des Saint-Olben, acheva la conversation; car la financière, radieuse du succès de sa soirée et de la nouvelle flatteuse dont on venait de gratifier l'ambition de son mari et la sienne, revint auprès des deux Courtenai.

— Messieurs, leur dit-elle, suis-je assez avantagée pour que tout ceci vous convienne, je fais de mon mieux en faveur de mes amis; mon seul regret aujourd'hui est sans doute que madame d'Armenseine n'ait pu honorer mon bal de sa présence.

Il fut répondu à sa civilité comme on le devait; puis elle reprit :

— Certes, j'étais loin de m'attendre à la justice qui vient d'être rendue à M. Saint-Olben; le gouvernement récompense tard, il est vrai, son mérite, mais enfin il le fait. J'espère que nos parens, nos alliés, en éprouveront quelque joie.

Les Courtenai, qui ignoraient le propos du prince royal, demandèrent à la maîtresse de la maison l'explication du sien, qu'elle leur donna avec la modestie la plus orgueilleuse de l'époque, ce qui n'est pas peu dire, puis elle ajouta :

— Nous voici en passe de commencer notre noblesse, au moins ne la commençons-nous pas par le plus chétif degré; le premier élan nous porte au faîte de l'illustration. N'est-ce pas, messieurs, qu'en quatre-vingt-neuf la femme d'un ministre jouissait des honneurs de la cour ?

— C'était une concession faite par la bonté de Marie-Antoinette, dit M. de Lombel.

— Alors elle sera maintenue par l'amour de l'égalité, bien plus certain encore de sa majesté très-chrétienne Louis-Philippe, roi des Français. Oh! le grand monarque! que la nation est heureuse de le posséder!

Éleuthère, en entendant les expressions de la femme du banquier, s'avoua qu'elle était plus en droit de crier vive le roi que madame de Sévigné après le bal où Louis XIV avait dansé avec elle. Madame Saint-Olben, poursuivant son ravissement et montée si haut dans sa propre estime qu'il n'était plus à ses yeux de cîme assez élevée qui pût la dépasser, ajouta :

— Dorénavant on ne nous regardera point en manière de famille de Paria, et on ne nous rebutera point dans les projets d'alliance honorable que nous pourrons former.

Cette phrase était une faute? Qui les évite toutes en ce monde? Convenait-il à madame Saint-Olben de braver ainsi les Courtenai? ce n'était pas son intention; mais elle se laissait emporter par son ivresse d'ambition: il est prouvé que les têtes prétendues libérales sont celles qui peuvent le moins la soutenir.

XV.

LES TÊTES PERDUES.

Où est bassesse et confiance point n'est prudence et dignité.
Sagesse des Nations.

Le lendemain, Lucien, qui s'était présenté dix fois devant l'appartement de sa mère sans pouvoir y pénétrer, à tel point dame Jarmin y faisait bonne garde, put enfin s'y introduire. La maison toute entière se ressentait du désordre de la soirée précédente; il y avait une confusion, un mouvement extrême : des ouvriers s'attachaient à faire disparaître ce qui avait servi à l'ornement de la fête, y mettaient plus de vivacité que lorsqu'il avait fallu l'édifier ; on dirait, à voir l'empressement que les hommes mettent à détruire, que leur besoin est plus fort de renverser ce qu'ils ont établi, qu'il ne l'est de l'appuyer en le consolidant par leurs œuvres.

On descendait les draperies, on jetait sur le parquet les guirlandes froissées, on emportait les lustres, les vases de fleurs, et de toutes parts on s'efforçait de changer complètement, et vite, l'aspect de ces salles, qui présentaient la veille un aspect si resplendissant. Les domestiques ne demeuraient pas oisifs ; les uns aidaient aux tapissiers, aux menuisiers, aux lampistes ; les autres veillaient dans la cour à ce qu'on ne détournât rien de ce qui devait être emporté. Il y avait parmi eux des têtes encore envinées des libations nocturnes, un reste de gaîté survivant à celle si éclatante de tantôt ; mais nul d'entre eux ne le poussait trop loin, chacun commençant à prendre une expression digne, une majesté d'antichambre conforme à la circonstance; car on savait dans la maison que monsieur entrait au ministère, et le moindre de ses gens se figurait prendre place avec lui à la table du conseil.

Combien plus encore leur importance était augmentée par la vue des solliciteurs, qui, déjà en nombre confus, assiégeaient les avenues de l'appartement particulier de M. Saint-Olben. C'est une chose étrange que cette promptitude avec laquelle s'éveille l'avidité de quiconque peut approcher d'un soleil levant; comment surgissent, à l'instant même de sa venue à l'horizon, les prétentions de ses amis, de ses connaissances, des amis de ses amis; comment chacun qui, de près ou de loin, entend prononcer son nom, ou aperçoit sa figure, s'en crée un droit formel pour parvenir à vivre aux dépens du trésor public.

Il y avait donc foule ce matin dans l'hôtel du banquier, foule âpre à la curée, impatiente de gagner, de servir la France, de lui montrer son zèle, son amour, en la saignant aux quatre veines. Les vampires du trésor public ont la manie du désintéressement. Ils sont tous, à les entendre, depuis le premier jusqu'au dernier, des Curtius en exercice, impatiens de se précipiter dans le coffre de l'État. C'était une combinaison de bassesses improvisées, de manéges sans retenue. On commençait par les valets, dans l'espérance de finir avec les maîtres. Certains se réclamaient de *madame*; mais *madame*, plus encore que *monsieur*, se maintenait ce jour-là dans une invisibilité presque complète : nouvelle idole, elle débutait par vouloir choisir l'encens dont on l'enivrerait.

Lucien fut celui qu'elle reçut d'abord; il la trouva dans son lit où, tout éveillée, elle rêvait délicieusement à la vie que désormais elle mènerait, au rang à tenir, aux prétentions à combattre, à ces grandeurs à conserver; elle, femme d'un ministre!.. Oh! que la révolution de 1830 se chargeait tout-à-coup de torts nouveaux à ses yeux ; elle ne lui pardonnait pas le déni de l'*Excellence*, le bris des *Monseigneur*. Le ministère de son époux lui paraissait incomplet, puisqu'il ne serait pas accompagné par ces formules féodales.

— Elles reviendront, se disait-elle; elles reviendront certainement. Le peuple comprendra que nous ne pouvons nous en passer ; et que, sans leur secours, notre illustration serait incomplète. Oui, ce bon peuple entendra raison. S'il ne cédait pas, il y aurait égalité jacobine... Ah ! fi de la démocratie ! Tout est perdu lorsque les classes diverses se confondent ensemble. Mon mari ne peut être qualifié simplement de *monsieur le ministre*, comme on dit monsieur le chapelier ou monsieur le manufacturier.

La femme du banquier en était en cet endroit de sa période philosophique, lorsque Lucien s'approcha, et l'embrassant avec vivacité :

— Ma bonne mère ! s'écria-t-il, ma bonne

mère! oh! je vous en conjure, faites mon bonheur; demandez ma cousine en mariage à sa famille : sans elle je ne pourrai vivre ; et vous ne voulez pas me faire mourir.

— Dieu me garde d'une telle pensée, répondit madame Saint-Olben ! et puisque la princesse de Courtenai est si nécessaire à votre existence, on vous la donnera, monsieur, on vous la donnera. J'aurais souhaité cependant moins d'impatience de votre part, et que, vu notre position nouvelle, vous eussiez attendu avec une certaine dignité, convenable à la circonstance, les insinuations à ce sujet que les Courtenai ne manqueraient pas de nous faire : tel eût été du moins mon avis; mais puisque, sous peine de vous voir expirer aujourd'hui ou demain au plus tard, il faut que l'on fasse les avances, tranquillisez-vous.

Lucien, recommençant à embrasser sa mère avec une vivacité nouvelle, lui dévoila tout son amour, se flattant qu'il serait partagé par sa noble cousine.

— Cette alliance, reprit la mère, est très sortable, bien que nous ayons acquis l'illustration qui nous manquait. L'entrée de votre père au conseil élève la famille au-dessus de ces riches roturiers, de ces hommes de commerce et d'argent très-éloignés de former la moindre portion de la bonne compagnie ; j'espère que, devenu le mari de ma nièce, vous verrez pour toute société vos parens, les siens veux-je dire, et que vous renoncerez à ces petites gens, à ce Théophile, à cet Adolphe, canaille très-estimable dans la rue, et très-déplacées dans nos salons.

— Je suis républicain, ma mère.

Vous êtes un fou.... un fat, ajouterai-je ; vous, républicain ! on dirait que vous n'avez rien à perdre et tout à gagner. Les pauvres artistes, les gens de peine peuvent être républicains, cela se conçoit ; mais vous, un Saint-Olben, riche à millions, fils d'un ministre, votre profession naturelle serait d'être ultra, et vous ne pouvez être moins que monarchiste.

Après cette allocution maternelle, Lucien fut congédié; il s'en alla le cœur gonflé de joie dans l'appartement de sa sœur, où Hélène s'était rendue, et là, devant Athénaïs, il se jeta à ses pieds, et cette fois ne se gêna point pour lui exprimer toute l'étendue de son amour. Mademoiselle de Courtenai, surprise à l'improviste et sans avoir eu le temps de se préparer à cette brusque déclaration, ne la repoussa ni par un refus, ni par un silence convenable. Trop naïve pour taire ce qu'elle éprouvait aussi, elle laissa échapper, moins pourtant par ses paroles que par le charme de ses regards et de son émotion, un secret déjà mal gardé; mais ne permettant rien au-delà ni à son cœur, ni aux véhémences de Lucien, elle le conjura de se retirer et de la laisser seule avec Athénaïs.

Cette obéissance coûtait à l'impétueux jeune homme; il s'y décida toutefois, et après avoir baisé à plusieurs reprises une main dont il s'était emparé, il partit enivré de sa prospérité présente, et sans pouvoir admettre la possibilité que l'on mettrait un obstacle à l'accomplissement de ses désirs.

— Lomont, s'écria-t-il, en mettant le pied dans sa chambre, Lomont, mauvais prophète, quand tu m'as dénié la main de ma cousine, tu ne pensais pas que mon père serait ministre : tout est arrangé, j'épouse Hélène.

Le valet, à ces paroles si funestes à sa haine secrète, frémit, et cherchant à cacher son émotion intérieure :

— C'est donc chose conclue, dit-il, vous avez la parole du prince de Courtenai.

— Si je ne l'ai pas encore, je présume qu'elle ne manquera point, les deux portefeuilles paternels, celui des billets de banque et celui du ministère seront des contre-poids entraînans dans les balances de la destinée. Oui, qui aujourd'hui me refuserait pour frère, pour gendre? je pourrais prendre à côté du trône.

— L'argent est tout, pour certaines gens,

monsieur, et rien ne m'étonnerait si une tête couronnée vous donnait sa fille, mais les Courtenai...

— Sont-ils d'une autre pâte que les Montmorenci, que les Rohan, que tous ceux de l'ancienne roche; ne feraient-ils pas ce que leurs aïeux ont fait : on leur demande une demoiselle à moitié nôtre, car enfin, il y a déjà de mon sang dans ses veines, je suis son parent, son cousin germain; ma fortune est prodigieuse, mon père entre au conseil et le dirigera bientôt.... et j'éprouverais un refus, et on me dirait non, monsieur : on dira oui, je t'en réponds, on dira oui.

— Et si on disait non, demanda le valet avec anxiété.

— Si on disait non... que l'enfer les écrase et qu'ils se défient de ce qu'il minspirera.... Non... non... me repousser, m'enlever la main de ma cousine, que j'aime, qui me chérit, ils n'y parviendraient jamais... ah! Lomont, on m'appelle aujourd'hui un jeune homme, eh bien, après l'offense on verrait que je suis un homme fait.

Tandis que cette conversation avait lieu, madame Saint-Olben avait de son côté commencé les audiences de la matinée. *Primo mihi*, ai-je entendu dire au feu roi; et quand je lui en demandai l'explication : Cela signifie, me répondit-il, « que l'univers et tout ce » qu'il renferme marche à la suite de mon in- » térêt personnel. » J'admirai la brièveté de la phrase latine. En vertu donc du *primo mihi*, la financière songea à elle, à son fils, aux siens; et sachant de dame Jarmin, que le vicomte d'Urtal avait comme Aman :

.... Devancé l'aurore aux portes du palais;

c'était un ami vrai; on le fit entrer, on passa en revue tous les tableaux de la position actuelle, on le chargea de rapporter au faubourg Saint-Germain, qu'on signerait avec lui une alliance offensive et défensive; qu'il patientât un peu, car, bien qu'on en eût bonne envie, on ne pouvait tout d'abord rétablir l'ancien régime avec la liberté de moins et l'anoblissement des banquiers de plus, mais que chaque chose viendrait à son temps.

— Écoutez, mon cher vicomte, et transmettez aux *nôtres* une nouvelle preuve de l'excellence de mes intentions; je suis déterminée à prendre pour bru ma nièce Hélène: c'est une fille charmante, digne d'être aimée et heureuse. J'aurais pu choisir pour Lucien, parmi ce que le royaume renferme de plus noble et de plus riche, mais je suis sans ambition, sans vanité, sans avarice: une demoiselle honnête et de bonne famille nous suffit; il faut que par suite de votre vieille amitié vous soyez mon interprète et que vous fassiez en mon nom aujourd'hui même, la demande d'Hélène à sa grand'mère.

— Madame, dit le vicomte, je présume que Saint-Olben sait quelque chose de tout ceci.

— Comment, vicomte, quel propos tenez-vous là? monsieur de Saint-Olben ne pense pas autrement que sa femme, notre volonté est une et tellement une, que dans ma bouche, *je*, signifie pleinement *nous*.

— A la bonne heure, madame, c'est que, voyez-vous, je connais tant de ménages où le mari apprend par les billets de faire part, les épousailles des siens...

— Vous êtes le plus malicieux des êtres, et vous n'épargnez pas ceux qui vous veulent le plus de bien.

En entendant cette phrase protectrice, monsieur d'Urtal se retourna avec une intention tellement marquée de la rejeter sur quelqu'un placé en arrière de son fauteuil, que la financière en rougit et n'osa pas s'en plaindre; elle avait appris de longue main à connaître le personnage et savait qu'il fallait éviter avec lui la lutte d'épigrammes, en paroles ou en gestes, si bien que pour éviter une nouvelle plaisanterie aussi piquante:

— Vous savez, monsieur, dit-elle, combien je compte sur vous; votre haute naissance, votre position dans le monde, le mérite personnel qui vous distingue, l'affection que vous avez toujours portée à moi et aux miens, me font espérer que l'affaire importante que je vous confie ne pourrait être remise à de meilleures mains.

— Ah! madame! c'est trop me grandir! Mais, n'importe, soit qu'on me vante ou qu'on me soutienne, je n'en demeure pas moins le très-fidèle serviteur de mes amis. Je vais, en vous quittant, chez la marquise d'Armenseine; et ce ne sera pas ma faute si nous échouons.

— Echouer, vicomte! y songez-vous? Le chiffre de notre budget vous est connu; et M. Saint-Olben couchera ce soir à l'hôtel du ministère.

— J'avoue, repartit M. d'Urtal, qu'un refus est peu probable; il tiendrait même de la déraison. Comment ne point accepter à belles baise-mains les avantages gigantesques d'une pareille alliance! Certes, c'est beaucoup que d'être Courtenai; et pourtant vous avez une maison..., peu ancienne..., mais si solide!!

— A la bonne heure, mon ami! vous voyez les choses à leur vrai point de vue.... Ne perdez pas de temps. Il est trois heures. Il y a là auprès des gens qui, je crois, attendent; je me dois à tous maintenant. Une bonne parole : cela ne coûte rien. Mon Dieu! ces gens ne nous laisseront jamais tranquilles.

— Votre fête a été divine.

— Oui, assez bien. Le prince royal...

— Les Lebarnon...

Ah! vicomte! sauvez-vous, ou je vous arrache les yeux... Ce monde chez moi...; c'est une mystification... Eh! bien, jugez si je suis méchante. Je vais faire donner au marchand de bas une recette principale... à deux cents lieues, bien loin : ils seront heureux... Et je donnerai des soirées sans crainte de ces apparitions de la rue Saint-Denis.

Le vicomte baisa la main à la financière, impatiente d'entrer au ministère où son mari était appelé. Il fut, en sortant, attardé dans sa marche par une douzaine de chiens courans de la faveur : tous ayant la pétition d'usage, et la copie conforme des pièces à l'appui. Il eut grand' peine à leur échapper; et dans la rue les traînards, survenant, le retinrent encore.

Le vicomte d'Urtal, ai-je dit, appartenait à l'ancien régime par vanité et au nouveau pour son agrément. Il appréciait la noblesse sans dédaigner la fortune, et comprenait parfaitement que ces deux classes se réunissent dans leur commun avantage. On doit donc être peu surpris si une alliance, à l'heure présente, entre les hauts Courtenai et les riches Saint-Olben lui paraissait simple et faisable. C'était sans doute beaucoup à ses yeux qu'une origine royale, qu'une suite d'aïeux élevés sur des trônes, ou occupant partout le premier rang. Mais, d'une autre part, fallait-il dédaigner le luxe agréable, la table splendide, le pouvoir d'acquérir des chefs-d'œuvre, de varier les jouissances de la vie, de remplir une maison d'un domestique nombreux, de meubles précieux, de complaisans faciles; de se donner des chiens, des chevaux, des châteaux de plaisance, des diamans, de la vaisselle plate; et, en arrière de tout cet éclat visible, la solidité d'une caisse, fondée sur des revenus territoriaux et en rentes sur l'Etat: non, sans doute; ceci balançait presque complétement la grandeur féodale; et, tout examiné, tout conclu, il s'avouait à demi que les Courtenai, en consentant au mariage projeté, ne feraient pas la plus mauvaise affaire. Il y en a beaucoup qui pensent maintenant ainsi. Ont-ils tort? Qu'on me le dise: c'est un thême à méditer.

La douairière de Courtenai, impatiente déjà de regagner la paix de son manoir solitaire, comptaient les jours dont devaient se composer les trois mois qu'elle avait promis de passer à Paris; elle allait bien rarement chez les Saint-Olben: sa vieillesse et son besoin de repos lui servant toujours d'excuse; et, à part la femme du banquier, le reste de cette famille ne paraissait que de loin en loin chez elle; rien donc ne lui avait permis de deviner l'attachement que Lucien portait à sa petite-fille; et, persuadée d'ailleurs de l'extrême innocence de celle-ci, ne pensait pas qu'elle fût en âge d'aimer et d'être aimée.

Le comte de Lombel, non plus, ne s'était pas attaché à trop surveiller sa nièce; lui aussi se montrait à peine dans l'hôtel de la rue Chaussée-d'Antin. Ses amis, les personnes dont la société lui plaisait demeuraient presque tous sur la rive gauche de la Seine; il sortait peu du faubourg Saint-Germain. Éleuthère plus qu'eux aurait pu découvrir la vérité, s'il n'avait apporté une pleine confiance en la délicatesse des Saint-Olben; il ne pouvait présumer que la vertu de sa sœur fût exposée, au sein de ses proches; et à l'exemple de son aïeule, il voyait en Hélène plus une petite fille à divertir qu'une jeune personne en âge d'être mariée. Enfin, aucun rapport d'amis communs hors le vicomte d'Urtal, et par conséquent nul ne leur insinuait la possibilité d'un mariage de ce genre.

La sécurité de la marquise était donc pleine et entière lorsque demoiselle Moline vint la prévenir avec une sorte d'emphase que M. d'Urtal la priait de l'admettre sur-le-champ auprès d'elle et de faire défendre sa porte à tout autre dans le temps qu'il serait là. Madame d'Armenseine n'était point curieuse, aussi demeura-t-elle indifférente à ces formes solennelles et mystérieuses, elle accorda tout ce qu'on réclamait de sa volonté, et le vicomte entra.

— Vraiment, monsieur, lui dit-elle gaîment, est-ce que, lassé déjà de la branche cadette, on vous dépêcherait vers le chef femelle de la branche collatérale.

— Je suis, répliqua le vicomte, ambassadeur, il est vrai, mais non point politique, je viens néanmoins chargé d'une mission majeure, point guerroyante, un traité d'alliance à former.

— Le ministre plénipotentiaire choisi, dit

la marquise, influencera beaucoup sur les articles à dresser; pour peu qu'il soit possible de s'entendre, je lui assure déjà le succès de sa négociation.

— Dieu vous entende, madame, et vous maintienne dans le désir de repousser des difficultés.

— Qui menacez-vous, vicomte, mon fils ou ma fille?

— J'aurais bonne envie de m'emparer de l'un et de l'autre à l'avantage de mes commettans; néanmoins, pour ne pas enchevêtrer deux actes dignes d'attention, je m'arrêterai à l'un, il concerne la princesse Hélène.

— Un enfant, monsieur?

— A-t-elle dix-sept ans?

— Seize, dix-sept à peu près, un peu plus peut-être : je ne compte point avec ceux que j'aime, j'aurais souhaité pouvoir en faire autant avec moi.

— Mademoiselle de Courtenai n'a pu venir à Paris sans attirer les yeux des mères et des jeunes gens; elle est de celles que, avec moins de beauté et de grâce, on ne laisserait pas à l'écart; il est donc naturel que les perfections qui la parent aient éclaté promptement. La noblesse est déchue, elle a perdu ses priviléges et ses domaines.

— Les souvenirs lui restent, vicomte, et l'espoir...

— Deux excellentes illusions, madame, et bien propres à nous bercer à l'écart dans un castel antique, et à Paris sans valeur, hors lorsqu'elles se rattachent à des Courtenai, par exemple, ce sont alors des réalités.

La marquise hocha la tête.

— Ne vous en dédites pas, répliqua-t-elle; vous avez taxé d'illusions les droits qui nous restent : et peut-être est-ce avec raison. C'est un cas sur lequel je ne m'en fais pas croire, bien qu'une telle vérité soit pénible à mon cœur. Ah! vicomte, vous regarderez comme une folle la femme qui va vous parler. Hélas! que sa position est pénible! Elle porte le plus beau nom de France; oui, le plus beau, puisque c'est celui de vos souverains. Il n'est pas venu aux siens par bâtardise, mais légitimement. Le rameau de Courtenai est pur; il remonte droit à un roi de France; il est du sang le plus auguste; et, si les branches plus rapprochées du trône venaient toutes à s'éteindre, la loi salique appellerait mes enfans à régner sur leurs concitoyens. Eh bien! par l'effet d'une alliance fatale, parce que le fils d'un roi a consenti à changer son nom réel pour celui de sa femme, il semble avoir perdu tous ses droits; chaque règne nous a repoussés; des étrangers ont grandi; des fils de prêtre portent le nom de Bourbon; ils en ont les armes; et on nous interdit jusqu'aux fleurs de lis *nôtres* et pourtant bien à nous; et, en place de la couronne de famille, on nous a forcés à timbrer notre écusson de je ne sais quel diadème vulgaire qui le souille.... Je m'arrête : où iraient mes plaintes? Dieu ne nous a pas soutenus; nous n'avons cessé de descendre. Mon fils reste seul du nom de Courtenai, et il ne possède pour toute fortune que ce qu'un joueur à la Bourse dédaignerait d'exposer aux chances d'un coup de début; et, quand il se réfugie dans la pensée de ses ancêtres, quand il se rappelle qu'ils s'assirent sur les trônes de France et de Constantinople, on veut lui ravir le dernier bien, on le déshérite de ses rêves... le nom des Courtenai, c'est pourtant la réalité.

Elle acheva de parler, la noble dame, et pencha son front dans ses mains. Le vicomte l'avait écouté parler avec une respectueuse déférence. Mieux que tout autre, il comprenait la grandeur et la justice de ses regrets. Il se reprochait d'avoir, par une parole indiscrète, ouvert cette plaie mal cicatrisée, selon toute apparence, et que le moindre coup envenimait. Une réflexion rapide qu'il fit en même temps le porta à craindre que l'heure eût été mal choisie pour traiter le sujet qui l'amenait. Cependant, comme il n'était plus temps de le renvoyer à une autre époque, il se détermina à franchir le pas.

Il commença par faire connaître à la marquise, mieux que sans doute elle n'en était instruite, la position brillante des Saint-Olben; combien leurs richesses étaient prodigieuses, et de quelle manière ils s'y étaient pris pour les mettre à l'abri des revers, communs dans la banque et dans le commerce. Il rappela ensuite la nouvelle élévation du père, qui, d'abord entré au conseil du roi, était ce même jour proclamé ministre, et qui, par ce fait, se plaçait au-dessus du rang de ses égaux. Il fit valoir l'avantage que cette fortune prodigieuse procurerait aux enfans d'Hélène; que d'ailleurs celle-ci, n'étant pas étrangère à son futur mari, rentrerait en l'épousant dans la famille dont sa mère était sortie; que cet hymen, enfin, loin de nuire au baron Eleuthère. lui servirait d'appui plus tard. M. d'Urtal n'osa pas tout dire, ni faire briller, dans le lointain, la certitude d'une alliance pareille entre l'héritier des Courtenai et Athénaïs Saint-Olben.

La marquise écouta dans un profond silence ; et, sans témoigner par le moindre geste son approbation ou son refus ; calme, impassible, il n'y avait rien à lire sur son visage des pensées de son cœur. Elle avait tant vécu, elle avait tant acquis de l'expérience, que pour l'émouvoir il fallait de ces traits imprévus qui déchirent une âme, bien qu'elle soit sur ses gardes ; et, lorsque M. d'Urtal eut achevé, elle resta encore pendant plus d'une minute plongée dans ses réflexions. Il fallait cependant répondre : son obligeance extrême le lui commandait, lors même que les usages admis en bonne compagnie ne lui en eussent pas fait un devoir. Levant lentement ses yeux et la tête, regardant fixement celui qui venait de parler :

— Monsieur le vicomte, dit-elle, voici une grande affaire et qu'on ne peut assez mûrir. J'ai écouté avec un soin religieux tout ce que vous m'avez fait l'amitié de me dire. J'ai balancé exactement le pour et le contre de votre proposition, et devrais sans doute y répondre à l'instant même ; cependant vous trouverez bon que je ne le fasse pas. Un tel point est chose grave : je désire le consulter et le résoudre en famille. Je suis le chef de la mienne, où ma volonté fait loi ; mais mes enfans ont droit à ma confiance ; le comte de Lombel en est digne par ses vertus, et le baron de Courtenai, au même titre, joint celui non moins important de représentant direct de ses ancêtres. Souffrez donc que je retarde d'un jour, m'engageant demain à vous faire savoir par mon fils, votre ami, ce que nous aurons résolu ensemble.

Bien que cette réplique ne dît rien de décisif, qu'au contraire elle laissât la question dans son état primitif, et que le son de voix de la vieille dame fût empreint d'urbanité et de bienveillance, le vicomte d'Urtal augura défavorablement du succès de son ambassade; il devina que la marquise ne penchait point vers l'alliance proposée, qu'elle ne voyait pas des mêmes yeux que lui. Son amour-propre s'enflamma à cette pensée, et, reprenant la parole, il recommença à détailler une autre fois tous les avantages de ce mariage, faisant observer que mademoiselle de Courtenai, à part la naissance, sacrifiée depuis long-temps par les grandes maisons quand il s'agissait de prendre un gendre ou une bru riche, que mademoiselle de Courtenai, dis je, ne pouvait pas trouver mieux; il fit passer devant la dame, article par article, le nombre prodigieux de domaines, de terres, de fermes, de maisons, d'actions en toutes les entreprises de l'époque, d'argent comptant; bref, il n'épargna rien de ce qui éveillerait une avidité commune.

Ses efforts ne touchèrent pas le cœur ferme de la douairière de Courtenai; elle se maintint dans son premier dire; il dut s'y soumettre et partir incertain de ce qu'on arrêterait dans cette noble famille.

XVI.

LE CONSEIL DE FAMILLE.

Sagax parentum est cura.
SÉNÈQUE, *Hippolyte*, acte I, scène I.

Rien n'échappe à la tendresse de ceux qui nous ont donné le jour.

Ce jour-là madame d'Aubeterre dînait hors de chez elle. La marquise d'Armenseine en profita pour se faire servir un dîner dans sa chambre, en la compagnie de ses deux fils et de dame Moline, très-intriguée de la longue visite de M. d'Urtal, dont il ne lui avait pas été parlé. Moline, par la longueur de son service auprès de sa maîtresse, avait acquis sa confiance entière, méritée d'ailleurs par un dévouement sans bornes: bien qu'elle n'entendît pas l'honneur de la maison de Courtenai de la même façon que la marquise, il en était résulté que, depuis la première révolution, aucun secret de famille ne lui était caché; elle le gardait comme le sien propre; souvent même elle fournit des expédiens dont on se trouva bien, et trouva plus d'un moyen avantageux pour se démêler d'une fâcheuse affaire.

Madame d'Armenseine, dans cette circonstance, ne crut pas devoir l'exclure du conseil qu'on allait tenir, et où néanmoins elle ne prendrait la parole que tout autant qu'elle y serait invitée : c'était le rôle qu'elle jouait toujours. Ainsi, lorsque les domestiques eurent desservi et que la marquise eut annoncé au comte de Lombel et au baron de Courtenai qu'elle avait à les entretenir d'un fait majeur, ni l'un ni l'autre ne fut surpris que

Moline demeurât sur sa chaise, placée un peu en arrière de leur mère.

Celle-ci ne tarda pas à expliquer le sujet de la conférence, et, sans faire plus pressentir son opinion qu'elle n'avait fait à l'égard du vicomte d'Urtal, elle prit son rôle, et présenta, comme il l'aurait fait, toute l'utilité et l'agrément de cette union en ce qui regardait la fortune. Deux auditeurs l'écoutèrent impassibles, aussi c'étaient les enfans. Moline, le troisième, sans parler plus qu'eux, laissa éclater sur sa figure flétrie la joie naissante de la vérification de ses prophéties superstitieuses. La marquise, en terminant, dit à Eleuthère :

« Mon fils, vous êtes le plus jeune, parlez le premier; votre oncle vous redressera de ce qui vous manquera d'expérience.

— Madame, répondit le baron de Courtenai, j'ignore votre opinion et celle de mon bon oncle; je voudrais la connaître à l'avance, pour m'y conformer respectueusement; mais, puisqu'il vous plaît de me la cacher, et que je dois exprimer ma pensée avant vous deux, permettez-moi de vous demander si vous la voulez entière et dans toute sa sincérité.

— C'est bien comme cela que je l'entends, répliqua l'aïeule d'Éleuthère ; nous n'avons pas à traiter d'une matière indifférente : celle dont il est ici question vaut la peine que vous la traitiez avec pleine franchise.

— Dès-lors, répliqua le baron de Courtenai, je croirais commettre un crime si je tergiversais, si je n'allais pas rudement au but ; et voici ce que ma faible expérience m'inspire. Nous sommes pauvres comparativement aux Saint-Olben, très-pauvres même ; car est-il un rapport entre nos quelques mille livres de rente et les millions qu'ils possèdent ! Nous sommes des gens d'autrefois ; ils sont hauts seigneurs de l'époque présente. La distance néanmoins reste immense entre le rang que nous tiendrons dans le monde au-dessus d'eux : ceci peut-être rétablit la balance à notre avantage.

Mais, quelque supérieurs que nous leur soyons par le fait de la naissance, je ne tirerai pas de ceci ma manière de voir ; car, au contraire, je serais le premier à mettre de côté nos **préjugés de castes**, préjugés d'ailleurs très-respectables, si, en les écartant, on pouvait assurer le bonheur d'Hélène, bonheur que je placerai toujours au-dessus de toute considération humaine. Mais, poursuivit Éleuthère en abaissant la voix, la richesse la plus immense, la position sociale, une couronne même, doivent disparaître ou n'être comptées pour rien, lorsque des causes pénibles interviennent et nous poussent vers un refus. Oui, ma mère, oui, mon oncle, je ne peux consentir de mon chef à recevoir pour mon beau-frère le jeune Saint-Olben. C'est, j'en ai heureusement acquis la preuve, un homme sans principes, de mœurs immorales et indigne de la femme qu'on voudrait lui donner.

À ces derniers mots, la marquise et le comte portèrent sur Éleuthère un regard surpris, et Moline ne cacha pas l'humeur que ce propos lui donnait. Le baron de Courtenai poursuivit :

— Ne me demandez pas d'étayer ce que j'annonce sur des preuves ; elles existent, je les ai devers moi ; mais un serment sacré m'interdit de vous les communiquer. Il vous suffira, je pense, que j'affirme leur véracité : certes, vous me ferez l'honneur de croire à la mienne.

Éleuthère acheva, et la marquise, sans insister sur ce qu'il venait de dire, se tourna vers le comte de Lombel.

— A vous, mon fils.

— Qu'ajouterai-je, repartit celui-là, à ce que mon neveu vient d'énoncer? Si, cependant, il faut qu'à mon tour je motive mon avis sur ce mariage, je dirai qu'il ne me convient pas. Le jeune homme affecte des opinions républicaines: cela suffirait naturellement à l'éloigner de nous. Son père entre aujourd'hui au ministère ; il va y soutenir une cause opposée à la nôtre. Serions-nous obligés de trahir nos sentimens ? passerions-nous, dans le camp ennemi, au premier pont d'or qui nous sera fait par nos adversaires ? ceci déplairait par trop à ma loyauté. Hélène sera mariée moins superbement ; elle le sera du moins dans une famille dont les idées seront conformes aux nôtres ; elle nous donnera de nombreux, de dignes parens. Les Saint-Olben à eux seuls forment leur maison ; il n'y a rien en arrière. Je conclus donc au rejet, m'appuyant principalement sur ce que nous a rapporté mon neveu si digne de notre amitié et tout autant de notre estime.

— Il faut convenir, reprit alors la douairière de Courtenai, que jamais unanimité plus complète n'exista dans notre conseil : vos avis, mes enfans, sont pleinement conformes au mien. Une alliance avec les Saint-Olben me serait désagréable par les mêmes raisons que Lombel vient d'avancer. Combien plus encore je m'y maintiendrai maintenant que je vous ai entendu, Eleuthère ; vous dont la parole est d'un poids de vertu qui suffira toujours à faire pencher la balance de votre côté !

Dame Moline, tandis que la famille Courtenai concluait au rejet du mariage d'Hélène, avait grand'peine à se maintenir en paix. Il était facile de reconnaître que l'avis adopté n'était pas le sien; mais il y avait trop d'accord parmi ses maîtres pour qu'elle osât parler contradictoirement. Elle se flattait que la marquise la consulterait peut-être : cela n'arriva point : force fut donc à elle de se perpétuer dans un silence pénible, et d'écouter sans y prendre part le reste de la conversation. On l'établit sur la manière dont le refus serait annoncé : la chose devenait embarrassante. Eleuthère insistait pour qu'on ne le motivât pas sur ce qu'il avait avancé touchant Lucien. La marquise et le comte de Lombel, non plus que lui, ne voulaient pas également manifester en aucune sorte le peu de cas qu'ils faisaient d'une famille si nouvelle.

—Nous aurions besoin d'un peu de diplomatie, dit la douairière, de quelque chose à la fois concluant et poli; car enfin, ce sont de très-proches parens d'Hélène : ils se conduisent bien envers elle, nous traitent avec obligeance, et ce serait mal à nous de les blesser en rien. Cherchons, mes enfans....

Et chacun proposa diverses voies; on les rejeta toutes : elles ne convinrent point. Enfin la marquise, se mettant à sourire :

—Je crois, dit-elle, être plus habile que vous deux, messieurs; ne vous en étonnez pas : j'ai vécu plus long-temps à la cour, et c'est le pays, je l'avoue, de l'intrigue et des détours. Voici le mien : il est fâcheux d'en avoir besoin; mais, enfin, mieux vaut encore colorer la vérité, de manière à ce qu'elle soit agréable, que de la produire dans toute sa froideur quand elle doit blesser. Nous apprenons que M. Saint-Olben est nommé ministre du nouveau gouvernement. Notre position, par rapport aux branches royales de notre famille, l'affection sacrée que toutes les trois portent à Charles X et au duc de Bordeaux, que nous croyons en conscience être notre légitime souverain, ne nous permettent pas de nouer une alliance avec des personnes entièrement dévoués au nouveau roi. Le mariage, hier, aurait été possible; il ne l'est point aujourd'hui par cette cause unique. Que vous semble, mes enfans, du fond de ce refus?

— Il est bien léger, ma mère; car si M. Saint-Olben, pour le réduire à sa juste valeur, donnait sa démission....

— Pauvre petit garçon, répondit la marquise en s'adressant à Éleuthère qui venait de parler, on voit bien que vous possédez encore la simplicité du jeune âge. Est-il possible qu'un libéral de banque, qu'un homme tout à l'argent, et dont l'orgueil extrême est avide de distinctions honorifiques, sacrifiera lestement ce qui fit le rêve perpétuel de sa vie au plaisir de donner une Courtenai à son fils? Son ambition, son amour-propre extrême, les mêmes passions qui agissent dans le cœur de sa femme, s'amortiraient-elles subitement? j'en doute; soyez donc tranquille. On se passera d'Hélène en ayant pour dédommagement un ministère, et on trouvera assez à choisir parmi les filles de haute qualité, charmées d'entrer chez des gens riches, et d'aller à la cour actuelle en attendant de faire nombre à celle qui viendra plus tard.

— Je suis, Éleuthère, de l'avis de votre aïeule, ajouta le comte de Lombel. Ne redoutez pas une résolution magnanime des Saint-Olben, ils en sont incapables. Le motif que nous employons, bien que fou à leur égard, paraîtra de grand poids au nôtre. On nous accusera d'extravagance bête (pardon, ma mère), celle de la fidélité; on se moquera de nos principes de l'autre monde, et, en résultat, on ne s'inquiétera pas de les satisfaire. Ma mère a trouvé ce qu'il y avait de mieux et de plus poli. Rien, dans cette sorte de refus, ne blessera personnellement les Saint-Olben, auxquels nous serions tous fâchés de causer de la peine et de l'humiliation surtout.

La chose ainsi arrêtée, Éleuthère dit alors qu'un autre point non moins important restait à résoudre : celui concernant la position actuelle de sa sœur chez sa tante. Serait-il convenable qu'elle y séjournât encore? et puisqu'on la refusait à Lucien, il fallait éviter qu'ils continuassent à habiter sous le même toit. Ceci était encore une nécessité fâcheuse, impérieuse pourtant. La marquise et le comte l'avouèrent ; car une fréquentation plus intime pourrait ne pas être sans danger. Éleuthère insista d'autant plus qu'il avait presque deviné le penchant au moins naissant d'Hélène, et qu'il avait vu d'une manière positive l'amour que Lucien prenait peu de soin de cacher. Il fut arrêté que le comte de Lombel irait, dès le lendemain matin, rendre à M. d'Urtal une réponse négative, fondée sur un prétexte spécieux, et qu'en même temps il le prierait de faire entendre à madame Saint-Olben, que sa nièce, devant partager les opinions politiques de son aïeule et de son frère, ne la suivrait pass au ministère que sans doute la famille du banquier irait habiter. Ce détour parut encore suffisant à cacher au public la cause réelle de cette retraite précipitée.

On achevait de décider ce point lorsque madame d'Aubeterre rentra plus tôt qu'on ne l'attendait, apportant la nouvelle de la nomination de M. Saint-Olben répandue dans tout Paris.

— Voilà, dit-elle à sa vieille amie et contemporaine, une merveille de l'époque moderne. On dit qu'elle intéresse doublement les Courtenai.

— Et pourquoi, madame? demanda Éleuthère.

— Je devrais, à mon tour, me rendre mystérieuse, repartit la comtesse, puisqu'il vous a plu tous tant que vous êtes de me taire ce que tout Paris sait également; mais je ne vous punirai point par où vous péchez, et je vous complimenterai, mon cher baron, sur votre mariage arrêté avec mademoiselle Saint-Olben; et lorsque je verrai Hélène, je ferai de même, car elle épouse le fils du nouveau ministre, et vous ne m'avez rien dit, ma bonne amie !

— Non, répliqua la marquise; car je vous attendais, au contraire, pour vous communiquer la contre-partie de cette révélation, en vous apprenant que ma petite fille reviendra habiter votre hôtel pour quelques jours encore, jusqu'à celui où nous vous débarrasserons de notre importunité.

— Ces deux mariages seraient donc une fable ?

— Oui, un canevas de fumée pareil à ceux sur lesquels la société brode tout ce qui l'amuse. Rien n'est vrai en ce qu'on vous a appris, et je vous le répète : notre attachement à la branche aînée de notre maison nous interdit de permettre à ma petite-fille de suivre sa tante à l'hôtel du ministère dont elle va faire les honneurs.

— Je ne suis pas accoutumée à douter de vos paroles, repartit la comtesse d'Aubeterre; mais permettez-moi de vous dire qu'elles sont en opposition formelle avec les propos de madame Saint-Olben. Je viens de dîner avec une femme de ses amies, une dame Gromelier, personne énormément riche, et à ce titre invitée chez des gens auxquels sa bourse est ouverte. Eh bien! elle m'a certifié tenir ce que je vous ai répété de la propre bouche de la tante d'Hélène.

— Cette personne en aura imposé, croyez-le bien, repartit la marquise, ou elle aura pris pour chose faite des désirs très-obligeans pour nous, mais dont l'accomplissement serait impossible.

— A la bonne heure, dit la comtesse; je voudrais cependant que de ces désirs on en fît une réalité... Des millions, des millions; songez-y, mon amie... Les Saint-Olben possèdent le trésor d'Aboulfarouis, les Mille et une Nuits réalisées...

— Nous savons nous contenter de peu, répondit Éleuthère, et si je me marie je chercherai, dans ma femme, autre chose que le coffre-fort de ses parens.

— Mais, baron, des millions... c'est une somme; informez-vous-en à la cour.

— Ce n'est point là où d'ordinaire on va prendre des conseils de désintéressement.

— Je ne vous parle point des cours; en général, je spécifie et vous renferme dans un cercle de famille.

Le mot fit rire, et la marquise, par une question opportune, amena la conversation sur un autre terrain; et, lorsque le comte de Lombel prit congé de sa mère, elle lui rappela sa tâche du lendemain, et lui promit de s'en acquitter avec exactitude.

FIN DU TOME PREMIER.

TABLE.

L'HUMILITÉ LIBÉRALE DU JOUR.	1
LA SŒUR, LE FRÈRE ET SON VALET.	26
DES JEUNES HOMMES DU JOUR.	51
LE FILET TENDU.	68
UN BANQUIER DE L'ÉPOQUE.	95
LE FOND DU CŒUR.	120
UNE FAMILLE D'AUTREFOIS	145
LA SAGESSE EN DÉFAUT.	168
QUELQUES DÉTAILS.	188
DES GENS D'AUJOURD'HUI ET VISITE CHEZ LES GENS D'AUTREFOIS.	213
L'AMOUR VIENT.	239
L'AMOUR DANS UN ENFANT.	260
LES RENCONTRES SUR LE BOULEVARD.	283
L'INTRIGANTE DÉSAPPOINTÉE.	332
UN ROOTH.	320
QUELQUES SCÈNES DU MONDE.	345
LE CONSEIL DE FAMILLE.	364

Romans Nouveaux.

LE MANTEAU VERT, par le baron de Bildelberke, auteur de Pauline et Fanchette, du Petit Bossu. 4 vol. in-12.   12 f.

LA COUR PRÉVOTALE, par le même. 5 vol. in-12.   15 f.

LE DIABLE, par le baron de Lamothe-Langon. 5 vol. in-12.   15 f.

LA PRINCESSE ET LE SOUS-OFFICIER, par le même. 5 vol. in-12.   15 f.

LE DUC ET LE PAGE, par le même. 4 vol. in-12.   12 f.

LE PRINCE ET SON VALET DE CHAMBRE, par Maire. 5 vol. in-12.   15 f.

L'ARCHEVÊQUE ET LA PROTESTANTE, par Édouard Ourliac. 4 vol. in-12.   12 f.

LA FIGURANTE, par H. Vallée. 4 vol. in-12.   12 f.

LE POMPIER, par Gustave W. 5 vol. in-12.   15 f.

LA NUIT DE SANG, par Fleury. 4 vol. in-12. 12 f.

L'ÉLÈVE DE L'ÉCOLE POLYTECHNIQUE, par Hypolite W. 3 vol. in-12.   9 f.

LES CHEVALIERS D'INDUSTRIE, par Sainville. 4 vol. in-12.   12 f.

www.ingramcontent.com/pod-product-compliance
Lightning Source LLC
Chambersburg PA
CBHW051830230426
43671CB00008B/902